深度学习：走向核心素养

（学科教学指南·初中生物）

王健 主编

深度学习教学改进丛书

田慧生 主编
刘月霞 副主编

教育部基础教育课程教材发展中心 课程教材研究所 组织编写

教育科学出版社
·北京·

本项目研究由北京王府公益基金会提供部分资金支持

丛书编委会

本册编写人员

主　编：王　健

参编人员：胡　彬　王海芳　张　宇　黄毅森　郭雅慧　关佩仪　李丽娟　王　新　田树青

丛书序

党的十八大明确提出“把立德树人作为教育的根本任务”。2014 年 3 月，《教育部关于全面深化课程改革 落实立德树人根本任务的意见》强调把课程改革作为落实立德树人根本任务的一个重要抓手和突破口，并首次提出要研究制订学生发展核心素养体系，把核心素养落实到各学科教学中。党的十九大进一步强调“落实立德树人的根本任务，发展素质教育”。2017 年 12 月，教育部印发了新修订的普通高中课程方案和各学科课程标准，把党的教育方针中关于学生德智体美全面发展的总体要求具体化、细化为学生发展核心素养；各学科结合学生发展核心素养的要求和学科特点，进一步凝练出学科核心素养，并把学科核心素养作为确定课程目标、遴选教学内容、设计教学活动的主要依据。

为全面深化课程改革，落实立德树人根本任务，从 2014 年 9 月起，教育部基础教育课程教材发展中心（简称“中心”）组织专家团队，在借鉴国外相关研究成果和总结我国课程教学改革经验的基础上，着手研究开发深度学习教学改进项目，将其作为深化基础教育课程改革的重要抓手和落实学生发展核心素养及各学科课程标准的实践途径。我们希望通过深度学习教学改进项目的实施，推动课堂教学关系的深度调整和人才培养模式的重大变革，引领教学理念、教学方式、评价体系、教学组织管理制度等全方位的变革。

该项目旨在通过改进教育教学，指导学生进行深度学习。同时，我们将项目研究定位为行动研究。参与项目研究的全体人员既是研究者，又是实践者，大家针对课程教学改革中的重点和难点问题，边研究，边实验，边解决问题。项目在实施过程中，始终坚持理论与实践相结合。一是坚持研究先行，成立了由高校专家、教研员、校长和骨干教师组成的项目研究组，对深度学习的基本理论和实践模型进行研究，提出了基本理论框架；同时，依据基本理论框架，构建实践模型，指导教师围绕教学设计和教学实践开展研究与实验工作，鼓励教师整理积累教学设计案例，进一步验证和丰富深度学习的基本理论。二是坚持实验为重，设立了实验区和实验校，先行在北京、重庆、广东、四川、江苏、山东、浙江、河南等地的15个实验区的90多所实验学校开展实验，上千名教研人员、实验学校校长及骨干教师参与了研究和实验。北京市海淀区作为项目实验示范区，先行先试，为其他实验区提供经验、案例和培训人员，通过示范引领，实现项目的有效推进。4年来，各实验区教师创造和积累了数百个教学实践案例。三是坚持集中研修与个别指导相结合。定期召开项目研修班、实施交流会，搭建网络交流平台和开展网络研修活动；组织项目组专家赴实验区指导，推动项目研究与实验持续发展。4年来，先后组织专家200余人次赴实验区进行实地指导。专家们参与集体研修和交流，开展网络在线研修，实地指导实验人员达6000余人次，大大提高了教师的教育教学能力和水平，有力地推动了实验区教研质量的提升和教学改革的开展，受到了区域、学校和教师的广泛好评。有一位参加实验的教师在培训心得中这样写道："自区域开展深度学习教学改进项目以来，我一直都是参与者和实践者。在参与的过程中，我的教育思想和教育行为都发生了比较大的变化。例如，每次我在设计教学的时候，都会首先考虑我的学生能从课堂中学会什么，以及如何设计活动让他们把在课堂中学到的东西用于生活实际……"

经过4年的研究与实验，项目取得了阶段性成果。一些成果陆续在《课程·教材·教法》《中国教育报》《基础教育课程》等报刊上发表，引起了教育界的广泛关注。为了进一步总结各地的实验经验和研究成果，为广大教研员和教师提供落实学生发展核心素养的脚手架，中心决定在总结项目研究成果的基础上，出版"深度学习教学改进丛书"，包括理论普及读本、学科教学指南和教学案例选。理论普及读本意在通过项目组专家对项目基本理论和实施策略的解读，帮助广大教研员和教师理解项目的基本理念和实施策略；学科教学指南包括初中语文、数学、英语、物理、化学、生物、历史，小学语文、数学、英语10个学科，意在为广大教研员和教师提供相关学科实施深度学习的基本思路和操作指南；教学案例选遴选了在项目研究与实践中形成的优秀典型案例，意在为教师开展深度学习教学改进项目实践提供参考。我们期望这部丛书对教师在教学中如何落实学科核心素养起到借鉴和参考作用。

尽管深度学习教学改进项目取得了阶段性成果，但是这些成果还只是初步的，无论是在理论层面还是在实践操作层面都还很不完善，需要不断得到丰富和发展。下一阶段的项目研究与实验要重点做好以下几个方面的工作。

一是进一步深化研究。在理论认识上要进一步明确深度学习的基本概念、基本特征、意义和价值；在实践操作上要进一步细化，让教师容易理解、掌握深度学习的基本理论框架和操作要求，并且能够在课堂中真正落地实施。同时，要坚持问题导向。在研究与实验中要不断发现问题，聚焦问题，找准深化研究的着力点，在着力点上发力、下功夫。

二是进一步加强沟通和指导。深度学习教学改进项目的实施需要项目专家团队、教育行政部门、教研部门、学校、教师团队等各个方面的通力合作。只有各个方面形成项目实施共同体，项目实施才能真正取得实效。为此，我们要加强沟通和指导，形成各方联动的推进机制。同时，要充分利用信息技术和互联网，建立项目实施的信息交流平台。

三是加强实验教师的研修。深度学习教学改进项目实施的关键在教师。深度学习的基本理念和实践操作要真正被教师所理解和掌握，需要一个过程。因此，需要进一步完善项目研修内容、研修形式和研修机制。

四是进一步加强区域和学校统筹。要使深度学习教学改进项目真正取得实效，一定要将其纳入区域和学校的工作规划，使之成为区域和学校深化基础教育课程改革、落实学生发展核心素养的重点工作，并提供必要的保障条件，形成区域统筹以及区域、学校、教师职责明确和上下联动的机制。

这部丛书还只是深度学习教学改进项目研究与实验成果的阶段性总结，我们希望随着项目研究与实验的不断深入，丛书能够得到进一步充实、修订和完善。也希望广大教育工作者，特别是广大教研员和教师提出宝贵意见和建议。下一阶段，我们将继续深化义务教育阶段项目研究与实验，并适时启动普通高中阶段深度学习的研究与实验工作。

田慧生

教育部基础教育课程教材发展中心主任

课程教材研究所所长

2018 年 11 月

目　录

前 言

自21世纪初开展基础教育课程改革以来，我国的生物学课程建设取得了显著的成绩，从课程标准与国际接轨，到教科书的多元化，再到课堂教学中教师和学生行为的转变，等等，无一不展示出课程改革的重要成果。但是与此同时，在课堂教学实施过程中，依然有许多问题有待改进。例如，如何有效地促进学生的学习？如何有效地落实课程标准的要求，并最终发展学生的生物学科核心素养？这些问题都是值得深入研究的。

在以上背景下，2013年以来，教育部基础教育课程教材发展中心组织专家团队对深度学习教学改进项目进行研究开发，对落实学生发展核心素养的实践策略和途径开展积极探索。深度学习教学改进项目初中生物学科组在理论构建、教学设计与改进实践等方面开展了大量的工作，并取得了一定的阶段性成果。为了更好地帮助生物学教育工作者理解深度学习，并开展关于深度学习的教学实践研究，项目组对相关的理论进行了解读，并精心打磨了教学案例，在对这些成果进行梳理的基础上，编撰了《深度学习：走向核心素养（学科教学指南·初中生物）》（以下简称《指南》）。

《指南》主要由四章内容构成。

第一章主要探讨了“是什么”和“为什么”的问题。从开展初中生物深度学习的背景方面，简要介绍了当前中学生物学课程的发展方向和需求，并剖析了我国中学生物学教学现状，简要分析了开展深度学习的必要性和重要价值。在此基础上，在理论的层面探讨了初中生物深度学习的内涵、特征和意义。

第二章主要从教学实践的层面探讨了“怎么做”这一关键问题。这部分内容重点分析了如何在初中生物中进行深度学习的教学设计。依次阐述了初中生物深度学习教学设计的要素、基于单元学习主题的教学设计思路。这一章既有理论阐述，也有相应的案例分析与解读。

第三章主要从实践操作策略的层面探讨了如何有效地实施深度学习这一问题。主要从教师的教学和教研机制两个方面提出了相应的策略。

第四章是案例分析，重点回答“长什么样”这一问题。这部分共呈现了三个具体的教学案例，包括单元学习主题的确定、单元学习目标的设定、单元学习活动的设计、持续性评价方案的设计、教师反思和特定课时的教学流程等内容。教学案例有助于教育工作者理解如何在教学中开展基于学习主题的深度学习，既包含思维发展型的学习主题，也包含问题解决型的学习主题。从总体上来讲，这三个教学案例在实际工作中都不需要对教材中的内容进行跨章节的大幅度整合，因此操作起来难度相对较小。三个具体的教学案例使教师可以透视初中生物深度学习的全貌，为教师的教学设计和实施提供参考。

《指南》可供初中生物教育研究人员、教研员、一线教师使用，也可供师范院校生物学教育专业的学生（职前生物学教师）使用。

《指南》是对初中生物深度学习的初步阐述，力图融入该领域最新的研究成果，将理论与实践相结合，既有案例片段，也有整体案例，可为教师们开展深度学习教学实践提供参考。

第一章

初中生物深度学习的内涵、特征和意义

初中生物学科深度学习教学改进项目是一项重要的探索工作，旨在指导生物学科教研员和一线教师针对初中生物学科的深度学习进行探索，提升生物学科教学的育人功能，尝试解决当前初中生物学教学和学习中的某些疑难问题。在该项目的设计和推进过程中，项目组成员与实验校的相关领导和教师一同探索促进学生深度学习的有效策略，进而提升学生的生物学科核心素养。

为了在教学中有效地开展促进学生深度学习的教学实践，首先需要明确初中生物深度学习的内涵是什么，它应具备哪些特征，这是开展深度学习的重要理论基础。它可以帮助教师从理论层面上对初中生物深度学习有较为准确的把握，从而为在教学实践中具体落实深度学习理论奠定基础。

第一节　开展初中生物深度学习的背景

当前国家社会和经济高速发展，对人才的需求和培养提出了很高的要求。在基础教育阶段，培养人才的重任落在各个学科之上，其中生物学科的教学也承担着其应有的责任和义务。鉴于当前发展学生核心素养的任务、参与科学实践的重要价值，以及对科学本质理解的要求等，有必要改变传统的教和学的模式，使学生的学习变为真正意义上的深度学习。

一、我国中学生物学课程要求发展学生的学科核心素养

在 2018 年的全国教育大会上，习近平总书记指出要培养德智体美劳全面发展的社会主义建设者和接班人，为我国的教育工作提出了总体目标和任务，其根本目的就是培养“全面发展的人”。

2016 年《中国学生发展核心素养》发布，从文化基础、自主发展、社会参与 3 个方面对将来培养的学生提出了要求，综合表现为人

文底蕴、科学精神、学会学习、健康生活、责任担当、实践创新 6 大素养，细化为国家认同等 18 个基本要点。

在这一思想的指引下，基础教育生物学课程也进行了修订和完善，生物学科的教学需服务于发展学生核心素养这一总体目标。在这一要求下，生物学科凝练了具体的学科核心素养，包括生命观念、科学思维、科学探究和社会责任 4 个方面。这些素养相互联系和交融，相辅相成。

如何在教学中实现生物学科核心素养 4 个方面的融合发展？这是当前需要不断研究和探索的一个重要课题。需要在教师的教学方式、学生的学习方式等多个方面都做出相应的调整，教育系统各部门相互协同支持，从而使学生在参与科学实践的过程中，真正学会解决真实情境中与生物学有关的问题，变单纯知识获取的表层学习为指向解决真实问题的深度学习，最终实现学生生物学科核心素养的发展和提升。

二、中学生物学需为学生提供机会参与科学实践

《义务教育生物学课程标准（2011 年版）》和《普通高中生物学课程标准（2017 年版）》特别提出，中学生物学教学不仅需要学生学习生物学知识，还要为他们创造条件和机会，使他们体验生物学知识的产生过程，感受生物学发展的历程，逐步形成科学的态度和思维习惯，领会科学精神。

在我国当前的初中生物学教学中，由于学校生物学实验室硬件设施配备、教师理念和专业素养、考试评价机制等多方面的问题，导致实验课的开设率偏低，很多学校的学生参与科学实践活动的机会少，难以真正体验知识的产生过程，学习过程更多的是“道听途说”，偏离了生物学学习的路径。

很显然，“道听途说”式的学习很难帮助学生理解生物学知识的产生过程，这种学习是停留在表面的浅层学习。如何为学生创造条件和

机会，使其体验和参与科学实践的过程，实现真正意义上的深度学习？这是当前我国初中生物学教学中亟待解决的问题之一。

三、当前我国中学生对科学本质的理解程度有待提高

自 2000 年我国开展第八次基础教育课程改革以来，在课程标准的指导下，我国的中学生物学教学发展迅速，在概念教学、探究式教学、课程资源开发等方面都取得了丰硕的成果。此外，学生的生物科学素养也得到了大幅度的提升。从我国上海、北京、江苏等地学生参加 PISA 测试的结果就可以看到这方面所取得的成绩。

自 2011 年教育部颁布了《义务教育生物学课程标准（2011 年版）》以来，很多教师对重要概念的学习给予了高度的重视，在某种程度上促进了学生对概念的理解。但是，学生对概念的理解还存在一定的局限性，相当一部分学生认为科学知识是一成不变的，当前所学的生物学知识都是正确的，可以解决我们所面临的所有生物学问题。此外，很多学生虽然在纸笔测试中能够解决“科学探究”类的题目，但是在面对真实的生物学问题时通常又会显得力不从心，这也反映出他们对科学研究的理解不到位，难以将理论上的程序性知识转化为解决生物学实际问题的能力。从以上分析可以看出，学生在对科学本质的理解方面还有很大的提升空间，这也恰恰是中学生物学科深度学习需要解决的问题之一。

第二节　初中生物深度学习的内涵与特征

中学生物学科深度学习具备生物学科的特点，重点突出“生命”这一特有属性，旨在促进学生生物学科核心素养的发展，具有联想与结构、活动与体验、本质与变式、迁移与应用等特征。

一、初中生物深度学习的内涵

所谓深度学习，就是指在教师引领下，学生围绕着具有挑战性的学习主题，全身心积极参与、体验成功、获得发展的有意义的学习过程。在这个过程中，学生掌握学科的核心知识，理解知识产生的过程，把握学科的本质及思想方法，形成积极的内在学习动机、高级的社会性情感、积极的态度、正确的价值观，成为既具独立性、批判性、创造性，又有合作精神、基础扎实的优秀的学习者，成为未来社会历史实践的主人。①

初中生物深度学习，是学生通过参与基于真实问题情境的学习活动，从生命系统的结构、生命系统稳态与平衡的内在机制、生命延续的角度认识生命的本质，形成“假设—证据—结论”的科学思维方式，逐渐发展实践能力和创新能力，从而发展学科思维，并进一步综合性地解决与生物学有关的真实问题，从而使学生的生物学科核心素养得以发展和提升。

根据以上关于初中生物深度学习的概念界定，我们可以从以下方面理解其内涵：（1）学习内容是生物学科的核心内容；（2）学生是深度学习的主体；（3）学生在学习活动中动手与动脑的双重深度参与是学习效果的重要保障；（4）获得性发展是深度学习的重要结果；（5）培养合格的公民是深度学习的终极目标。

二、初中生物深度学习的特征

初中生物深度学习是相对于浅层学习而言的，它不是传统意义上的机械性学习，一般具有以下特征。

---

① 郭华．深度学习及其意义［J］．课程·教材·教法，2016，36（11）：25-32.

（一）联想与结构

在学习特定内容之前，学生的头脑并不是一片空白的，而是对相应的学习内容有了朴素的观念。在进入课堂后，学生应在学习活动的支持以及教师的引导下，根据当前的学习活动，调取、激活和联系以往的知识经验。这些知识和经验可能与所进行的学习活动是一致的，也有可能是存在矛盾或冲突的，但是通过学习活动学生能够以融会贯通的方式对学习内容进行组织，建构出自己的知识结构，在同化和顺应两种认知过程中实现意义的构建，这符合建构主义的学习理论。

例如，学生在学习生态系统的成分及其功能时，需要从结构与功能相适应，以及系统思维的角度进行理解。他们在学习这部分内容之前，已经学习过细胞的结构与功能，具备了有关结构与功能相适应的观念基础，同时还能够从细胞作为一个系统具有整体性和统一性的角度理解细胞的结构与功能。因此，在实际教学中，教师可以引导学生从结构与功能、整体性和系统性的角度将二者关联起来。通过这种方式帮助学生在不同的知识之间建立联系，形成稳定的认知结构。

（二）活动与体验

活动与体验是深度学习的核心特征。活动是学习的核心要素，其形式多种多样，包括动手实验操作、调查研究、角色扮演、小组讨论、研究汇报、材料分析等。在这些活动中学生要能够全身心（思维、情感、态度、感知觉）地参与，体验解决问题或完成任务的成就感。在参与活动的过程中，学生要在教学支架的支持下，发展科学思维能力（例如归纳、概括、推理等），进而构建对学科知识的理解，并最终理解学科的本质和思想方法。此外，学生还应学会与他人（教师、同学）展开积极的合作与沟通，体会合作在学习中的价值与意义。

例如，在以小组为单位观察校园植物时，小组成员要分工合作，做好规划调查路线、观察和记录、结果汇报等工作。在这一学习活动中，他们通过对具体植物的观察和描述，然后通过比较和归纳等科学思维，学会根据某些特征对这些植物进行分类的方法。他们不仅能获得相应的生物学知识，还能发展思维能力。在整个学习活动中，学生亲身参与和体验，形式上的参与和思维上的参与有机地融为一体，从而促进学生的获得性发展。

（三）本质与变式

不同的学习内容都有其特定的本质属性。学生的学习，需要在教师的引导下，抓住学习内容的关键特征，全面把握学科知识的本质联系。如果只是单纯记忆零散的事实性知识，学生很难理解学科的本质，更不可能做到举一反三，这种学习只能停留在表层，无深度可言。因此，当前科学教育领域强调概念教学的出发点也就是帮助学生理解学科本质。

例如，在学习生态系统中生产者这一概念时，通过大量的实例，学生知道草、杨树、小麦等生物都属于生产者，如果仅仅记住这些生物属于生产者，相当于只是记住了碎片化的事实，并未掌握生态系统成分的真正含义。要理解其本质，需要从生态系统中成分的功能的角度来分析其共同的属性，草、杨树、小麦等生物都可以自己合成有机物，并为其他生物提供营养，即自养型生物，满足这一特征的生物在生态系统中都属于生产者。有了这一概念，学生在遇到类似问题时，首先要判断这种生物是否是自养型的生物，然后才能判断其是否属于生产者，这也就达到了举一反三的目的。

（四）迁移与应用

迁移与应用是间接经验直接化的过程，即学生将所学知识转化为综合实践能力的过程。它需要学生能够将所学内容迁移到新情境中，综合应用所学知识解决生活中的现实问题。在这一过程中，学习者既要理解学习内容的结构化知识，更要对学习内容做出批判性吸收，从而掌握复杂的概念与情境结合的非结构化知识或技能，并将这种深加工的知识或技能用于新的情境，使学习结果发生质变或迁移，实现“触类旁通”的学习预期。① 学生对学科本质的理解是进行迁移和应用的前提，综合能力和创新意识是实现迁移和应用的基本路径。因此，通过这种学习活动，可以不断地培养学生的综合能力和创新意识，即创造性地解决问题的能力和意识。

例如，学生在学习关于微生物的类型、微生物与人类生活的关系、传统发酵技术等知识时，能够了解微生物的类群及其基本结构，了解微生物与人类的食物、医药健康、环保等方面的关联，并尝试运用传统的生物技术体验馒头、酸奶等食品的制作过程，这在传统的学习过程中是较易达成的目标，学生的学习成果相对简单。但是在初中生物深度学习中，学生还应进一步运用所学的知识解决实际问题，虽然学生体验了制作馒头、酸奶的过程，但是制作步骤以及相关的材料都是给定的，学生只要按照程序进行操作即可。在实际生活中，学生能否应用关于微生物的知识以及传统发酵技术自制一种发酵食品或饮料呢？这将是一个有挑战性的问题。因此，学生需要综合运用微生物类型、发酵产物为酒精、微生物的生存需要糖作为能源等有关知识，同时考虑到关于工程学的设计，结合生活需求，经过不断的探索和尝试，才能制作出有特色的发酵食品或饮料。在这种解决问题的过程中，学生需要从制作馒头、酸奶等食品这些熟悉情境，转向制作符合特定标准的发酵食品或饮料等陌生情境中的复杂问题解决，这就是知识的迁移与应用过程。

第三节　开展初中生物深度学习的意义

初中生物深度学习能够针对当前基础教育阶段生物学科的教与学

① 康淑敏．基于学科素养培育的深度学习研究［J］．教育研究，2016（7）：111-118.

存在的问题，基于学生的发展需求进行教与学方面的改进，从而转变学生的学习方式，使其在参与科学实践的过程中加深对科学本质的理解，帮助学生发展生物学科核心素养，有助于落实初中生物学课程的基本要求。

一、促进学生学科核心素养的提升

在生物学科教学中，如果教师只注重单课时的教学设计，各个课时的学习活动之间缺乏联系，可能会导致学生构建的生物学概念是零散的，习得的科学探究能力也是相对独立的。因此，这种教学很难帮助学生运用所学的生物学概念和习得的探究能力解决实际问题。

初中生物深度学习旨在发展学生的学科思维以及解决真实情境中与生物学有关问题的能力。在确定单元学习主题时，需要从这一总体要求出发，然后系统性地设计学习活动，各个活动之间既要有概念构建的逻辑主线，还要有思维发展的内在进阶联系，从而使学生在生命观念、科学思维、科学探究和社会责任 4 个生物学科核心素养方面得以综合发展的同时，提高其问题解决能力，这也是学生生物学科核心素养的真实表现。

从这个意义上来说，初中生物深度学习能够促进学生生物学科核心素养的发展，从而在实践层面上有效地落实课程改革的基本要求。

二、转变教和学的方式

中学生物学科课程倡导的探究式教学给课堂教学带来了新的内涵和活力，很快得到了教师们在理念上的认同。但是，探究式教学是对教师专业素养要求较高的一种教学方式，如果教师自己没有经历过科学研究的过程，他们很难在课堂上引导学生开展探究式学习。对于拥有硕士或博士研究生学历的教师，他们经历过严格的科研训练，但是在将科研经历和课程理念转变为课堂教学行为的过程中也会遇到一定的困难，因此，在这方面有待教师的进一步研究和尝试。

在初中生物深度学习中，学生需在教师的引导下主动参与学习活动，这种主动参与不仅仅是表面上的参与热情，更重要的是实质上的动手和动脑并进。动脑思考如何解决问题，然后通过动手的实践活动尝试解决问题，从而转变传统做法中“菜谱式”和形式化的学习形式，即变被动接受式的机械学习为积极主动式的探究学习，从而体现学生学习的主动性和主体地位，教师在学生的学习过程中起辅助的作用。

要真正实现学生学习方式的转变，首先需要转变教师的教学理念和教学方式。教师不仅要从理念上认同学生主动学习的重要性，而且要在实践的层面上为学生创造机会，辅助学生的学习。在学生的学习过程中通过讲授、演示、实验、资料分析、讨论等多种方式，促进学生对重要概念的理解，并进一步应用于解决问题。①

从以上分析可以看出，初中生物深度学习的实施能够转变教师的教学方式，从而为学生学习方式的转变奠定基础，有利于实现真正意义上的深度学习。

三、为学生参与科学实践提供机会

初中生物深度学习强调学生是学习的主体，他们需要动手与动脑双重深度参与学习活动。因此，学生参与科学实践活动是实现学生深度学习的重要保障条件之一。

生物学科的发展是人们在实践过程中不断探索和研究的过程和结果，因此，为学生提供参与科学实践的机会，使其体验生物学研究的基本过程，将有助于学生真正深入地理解生物学概念的内涵，进而利

---

① 中华人民共和国教育部．义务教育生物学课程标准（2011 年版）[S]．北京：北京师范大学出版社，2012：32.

用这些生物学概念解释与生物学有关的现象或解决与生物学有关的问题。

科学实践既是学生体验生物学研究过程的重要途径，也是学生习得相关研究方法的必经之路。一方面，初中生物深度学习由于强调学习活动的实践性和学生学习的体验性，因此，能够为学生创造条件参与科学实践过程。另一方面，学生参与科学实践的过程也能够在某种程度上切实转变学生的学习方式，使其主动、积极地参与到学习过程中。

第二章

初中生物深度学习的教学设计

初中生物深度学习的内涵、要素和特征是开展促进学生深度学习的教学实践的理论基础，教学设计是开展教学的重要工作，那么如何开展促进深度学习的教学设计呢？这部分内容将针对这一问题进行阐述和解析，以帮助教师更好地理解深度学习的相关理论和具体操作程序。

第一节　初中生物深度学习教学设计的要素

深度学习的发生需要条件，教师对教学内容、教学过程、教学评价等环节的设计，是深度学习发生的保障。教育部基础教育课程教材发展中心深度学习综合项目组提出了深度学习教学设计四要素：挑战性的单元学习主题、单元学习目标、单元学习活动和单元持续性评价。

一、挑战性的单元学习主题

单元学习主题是对学习内容的概括，有的单元学习主题中蕴含着大概念或核心概念，有的单元学习主题中蕴含着学习线索，还有的单元学习主题中蕴含着“概念是如何被用来作为搜索材料的工具来解决问题的”。在某一主题下，通常包含一系列的学习内容，这些内容之间具有一定的内在逻辑联系。在具体的内容组织方面，既可以是为了学生形成生物学科特定的思维方式或学科能力而有序组织在一起，也可以是为了满足解决某一问题的需要而组织在一起。

生物学科包含众多的课程内容和重要概念，在学生的深度学习中，需要以主题为单位将课程内容分成不同的单元进行深度学习。这种主题既可以是以当前教科书中的单元或章为主题，也可以是将教科书中的章节内容进行二次加工和重新整合后形成的新主题。对于教师而言，将教科书中原始的章或单元作为主题开展深度学习，操作起来相对容易；而要打破教科书中原有的章节顺序，对教学内容进行重新整合，组建新的主题，操作起来难度会很大。

在实际教学中，教师需要根据个人能力、学生的学习需求、教学资源等多方面的因素来选择恰当的主题。两种选择单元学习主题的思路谈不上孰优孰劣，它们各有各的优势，只要在教学中能够发挥最大的教学效益，两者可以同时并存，交叉使用。

二、单元学习目标

单元学习目标是对学生在相应主题学习后具体表现的描述，是学习活动设计和评价活动设计的重要依据，因此单元学习目标的确定将关系到基于单元主题学习的效果达成。在确定单元学习目标时，首先应该确定单元学习主题的总学习目标，这是对学生在该主题学习后应达到的上位目标，具有一定的统摄性、指导性和概括性。然后，依据总学习目标确定课时的学习目标，这些目标相对具体，需要与课时的教学内容相匹配，因此，这些学习目标应该具有可操作性。

在单元学习目标呈现方面，需要参考课程标准的要求和当前课程改革的理念，从学生生物学科核心素养发展、生物学科能力发展等角度进行描述，应包括生命观念、科学思维、科学探究和社会责任等维度，其目的是促进学生生物学科核心素养的全面和综合发展。

三、单元学习活动

单元学习活动是深度学习发生的重要条件，也是落实单元学习目标的重要载体。在设计单元学习活动时，首先应以单元学习目标为依据，根据具体的学习内容，确定学习任务，然后再设计相应的学习活动。因此，一个单元学习主题的所有学习活动之间应具有强有力的内在逻辑性，应以学生的科学思维和生物学科能力发展等为内在主线，活动之间环环相扣，层层铺垫，最终为达成学习目标提供服务和支持。

四、单元持续性评价

学习评价是教学的一个重要组成部分。在深度学习中，应该考虑到学生学习的循序渐进性，对其学习成果进行持续性的评价。单元持续性评价包含两层含义：第一层含义是指本单元学习主题内部对学生学习过程的持续性评价，第二层含义是指不同单元学习主题之间对学生学习过程的持续性评价。

在设计单元持续性评价时，需要根据单元学习目标确定评价目标，然后在具体的学习活动中，评价学生的总体表现。评价的方式应多元化，包括小测验、课后作业、实验设计与实施、资料收集与交流、课堂回答问题、课堂讨论等，通过多种评价方式，收集学生学习成果的各种相关资料，从而可以对学生的学习成果进行综合评价。

第二节　怎样进行初中生物基于单元学习主题的教学设计

在以内容主题为单位开展深度学习的教学设计时，需要按照深度学习的要求，从深度学习教学设计四要素（挑战性的单元学习主题、单元学习目标、单元学习活动、单元持续性评价）分别进行设计，形成内部逻辑严密的单元主题设计。这四个要素之间相互关联，构成一个有机整体。

一、确定单元学习主题

（一）单元学习主题的类型

在初中生物深度学习中，根据生物学科的特点和学生的生物学科核心素养发展需求，学生在学习过程中不仅要掌握生物学科的核心概念，例如光合作用、细胞的结构与功能、生物的起源与进化、生物的遗传与变异等，还应该在学习这些核心概念的过程中进一步掌握生物学科的思维方式和研究方法，例如学生应学会从微观、中观和宏观三个不同的层面认识生物学现象，从局部与整体不同的视角分析生物学问题，从进化的角度分析生物学现象，建立“假设—证据—结论”的科学思维方式，等等。最终学生应该运用这些知识、思维方式和研究方法，在责任意识的驱动下，解决实际问题，进行个人或公共决策。

从以上分析可以看出，学生的单元学习主题可以从学习过程和学习结果两个方面进行厘定。第一种单元学习主题类型是从学习过程的角度来描述，学生在深度学习的过程中要习得生物学科特定的思维方式，单元学习主题指向学生的思维发展，这类主题称为思维发展型单元学习主题。例如，在学习植物的光合作用内容时，可以从结构与功能、物质与能量等角度分析植物光合作用的过程，确定的单元学习主题为“植物的食物来源”。在学习人类的起源时，可以从进化与适应的角度分析人类是如何从古猿一步一步地进化到现代智人的，确定的单元学习主题为“人类从远古走来”。

第二种单元学习主题类型是从学生学习结果的角度来描述的，深度学习的最终目标是学生利用所学和所能学会解决生物学问题，单元学习主题指向学生的生物学科核心素养发展，这类主题称为问题解决型单元学习主题。例如，在学习有关微生物的内容时，学生应学会从生态系统的角度看待微生物与人类之间的关系。为了能够更好地利用微生物，提高人类的生活质量，可以提出具有挑战性的任务——利用微生物为人类提供某种生活便利，进而提出单元学习主题“我来制作发酵饮料”。

两种单元学习主题各有侧重，问题解决型单元学习主题的关键是运用知识解决问题，而思维发展型单元学习主题则侧重在学习该内容主题时发展学生运用特定思维和视角思考问题的能力。

（二）确定单元学习主题的原则

在深度学习中，单元学习主题的选择和确定是第一步工作。单元学习主题的确定要始终以教育教学目标为中心，不能凭感觉随意选择，需要符合必要性、综合性、实践性、适切性和发展性的原则（如图 2-1 所示）。

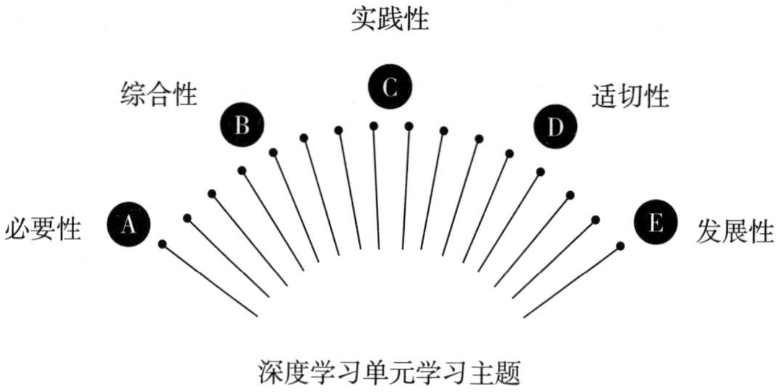

图 2-1　确定深度学习单元学习主题的原则

1. 必要性

确定单元学习主题，首要原则就是所选主题对学生发展的至关重要性。这一点可以从两个方面来理解：一方面是单元学习主题要符合初中生物学课程标准的要求，即以课程理念和课程目标作为前提条件；另一方面，单元学习主题对于学生学习生物学课程及其个人素养发展都是必不可少的。

例如，显微镜的基本结构及其使用是《义务教育生物学课程标准（2011 年版）》中关于“生物体的结构层次”主题的内容，在某些版本的生物学教科书中安排了课外活动“搜集关于显微镜发展历史的资料”。但是，关于显微镜发展历史的内容仅仅是学生学习细胞结构与功能这一概念时的辅助性内容，并不是中学生物学课程中的核心内容。此外，关于显微镜发展历史的内容对于学生学习其他生物学核心内容并不是必需的，对学生的生物学科核心素养发展也未起到关键性的作用。由此可以看出，将“显微镜的发展历史”确定为单元学习主题违背了必要性原则，该单元学习主题的确定是不恰当的。

又如，在“我来制作发酵饮料”单元学习主题中，关于微生物类群及其与人类关系的知识是《义务教育生物学课程标准（2011 年版）》中的重要内容，对这部分内容的学习可以帮助学生理解生物的多样性和统一性，并为学生建立结构与功能观、稳态与平衡观等观念，以及为发展学生的科学探究能力等提供强有力的支持，进而为发展学生生物学科核心素养奠定基础。因此，从这两个方面来看，该单元学习主题是非常有必要的。

2. 综合性

从字面上看，深度学习的含义是针对学习内容进行有深度的学习和研究，这就要求针对某一特定内容进行深入的探讨。这里所说的深度因单元学习主题而异，既可以是认识方式从宏观到微观的逐步深入，也可以是思维角度从局部要素到系统整体的发展。仅仅围绕某一特定内容主题的学习是难以实现真正的“深度”的，要达到所谓的“深度”，还需要一定的“宽度”支持，即在该内容主题的学习中，适当融入其他内容主题的相关概念、思维方式、认识角度等内容，从而为该内容主题的真正“深度”学习提供必要的支架。

在“我来制作发酵饮料”单元学习主题中，涉及微生物的分类、结构、代谢类型、与人类生活的关系等内容。通过该主题的学习，学生可以在掌握微生物分类地位、微生物的细胞结构等知识的基础上，进一步应用微生物来制作发酵饮料。在实际教学中，学生能够根据生活经验，相对较容易地就能完成利用酵母菌制作某种发酵饮料的任务。表面上看，学生对该主题的学习是由浅入深的，但是从学生学习效果的角度来分析，如果学生只是简单地模仿制作发酵饮料，他们更多的是建立感性认识，很难深入理解知识的应用过程。为了更好地实现学生学习的“深度”，一方面可以关联已学内容——线粒体的功能，另一方面，可以在学生的实践活动中适当引入探究类的活动，引导学生摸索发酵的最佳条件，然后在此基础上完成制作发酵饮料的任务。因此，在确定单元学习主题时，需要考虑到知识和能力等多方面“深度”的综合效应，即单元学习主题的综合性。

3. 实践性

在深度学习中，学生要参与和完成一系列的学习活动，从而习得该主题的相关生物学概念。由于生物学科是一门科学学科，实验是其特有的学科内容。因此，在确定单元学习主题时，要考虑学科的实验属性，设计需要学生参与的活动任务，从而帮助学生真正理解相关的生物学概念或原理，这也是杜威所提倡的“以儿童为中心”“从做中学”思想的重要体现。由此可以看出，生物学科的单元学习主题必须符合实践性的原则。

在“我来制作发酵饮料”单元学习主题中，从主题的名称就可以看出，学生需要进行动手实践。学生要真正理解利用酵母菌制作发酵饮料的原理，需要“酵母菌的生活需要通过糖提供营养”“在有氧和无氧条件下产生的物质不同”等生物学知识的支撑。如果仅仅通过教师讲授的方式将这些概念传递给学生，对于初中学生来讲，理解起来有很大困难，只能靠机械性记忆将这些知识孤立地储存在认知结构中。即使学生能够完成制作发酵饮料的任务，他们在该主题中的学习也是表层的。要实现该主题真正意义上的深度学习，需要通过实验活动帮助学生获得和构建上述概念，将其整合到认知结构中，从而实现对这些知识的调取和利用。因此，在确定单元学习主题时，必须考虑其实践性，确保学生通过实践活动，循序渐进地进行深度学习。

4. 适切性

单元学习主题应该具有可操作性，符合中学生物学课程要求、学生的认知发展特点等。在确定单元学习主题时，一个普遍的错误认识是认为要达到深度学习的要求，就必须补充一些课外的知识，甚至将高中的生物学内容融入初中的单元学习主题中。实际上，深度学习的“深”并不在于课外知识的多少或高中知识是否下移到初中阶段，关键是看学生在生物学科特有思维方式方面的变化和学习成果。简单地将高中知识下移到初中阶段进行学习，只会徒增学习的难度，未必能够达到学习的深度，在实际教学中也难以执行。因此，在确定单元学习主题时，必须考虑其适切性和可操作性。

在“我来制作发酵饮料”单元学习主题中，在“实践性原则”部分已经谈到，学生需要具备“酵母菌的生活需要通过糖提供营养”“在有氧和无氧条件下产生的物质不同”等生物学知识。对于初中生而言，仅从表层上理解上述两个知识点即可，没必要从分子的角度理解有氧呼吸和无氧呼吸的区别，这些内容恰恰是高中生物学中的重要知识，因此，也就没必要将这些知识引入该主题的学习中。此外，主题“我来制作发酵饮料”的名称对于初中生来讲具有很强的吸引力，能够引起他们的兴趣，激发其学习积极性。

5. 发展性

在确定单元学习主题时，不仅要考虑到本学段课程内容的要求，同时还要考虑到小学或高中学段相应课程内容的教学要求，即不同学段之间的衔接。因此，在确定单元学习主题时，要从学习进阶的视角进行考量，使学生的学习能够在学段层面上逐渐深入，从而实现真正意义上的深度学习。由此可以看出，学习进阶思想是确定单元学习主题的重要理论基础，这也是单元学习主题发展性的重要体现。

在“我来制作发酵饮料”单元学习主题中，学生在小学阶段已经具备了一定的生活经验，知道生活中的馒头、酸奶、腐乳等食品都是与微生物有关的。在初中阶段该主题的深度学习中，要求学生建构关于微生物分类、结构、初步应用等方面的概念和认知。到了高中阶段，学生需要在分子的层面上认识微生物的结构、生理活动与应用。从这种分析可以看出，在不同学段的学习中，初中阶段该单元学习主题的学习能够起到承上启下的作用，有助于学生从感性到理性，从宏观到微观，从现象到本质，层层深入地理解有关的生物学概念和原理。该单元学习主题的确定很好地反映了学习内容、认识方式等方面的进阶性和发展性。

（三）确定单元学习主题的思路

单元学习主题是深度学习的起点，确定单元学习主题应该以国家的课程文件为依据，如《义务教育生物学课程标准（2011 年版）》。它要解决具体的生物学科问题，并贴近学生的实际情况，最终目的是满足学生的学习需求，发展学生的生物学科核心素养。这些方面是单元学习主题的重要特征（如图 2-2 所示）。

图 2-2　单元学习主题的重要特征

在确定单元学习主题时，需要首先研读生物学课程标准，分析课程内容框架，解析特定课程内容的素养发展价值，再分析学生的学习需求，最终确定生物学科的单元学习主题。

1. 研读课程标准，分析课程内容框架

通过研读中学生物学课程标准和教科书，明确课程中的核心知识和重要概念，然后梳理它们之间的关系，确定课程内容框架。在《义务教育生物学课程标准（2011 年版）》中，课程内容共包括 10 个一级内容主题。分别为科学探究，生物体的结构层次，生物与环境，生物圈中的绿色植物，生物圈中的人，动物的运动和行为，生物的生殖、发育与遗传，生物的多样性，生物技术，健康地生活。每个一级主题又包含若干重要概念，共50个重要概念，这些重要概念构成了初中阶段生物学课程内容的整体结构。

课程标准指出，内容主题的确定是以“人与生物圈”作为主线的，那么这10个一级内容主题之间存在何种逻辑关系呢？只有明确了这一问题，才能为单元学习主题的确定奠定基础。

课程内容要服务于课程目标的达成。学生通过初中生物学课程的学习，需要从不同的角度理解生命的特征，并最终回答“生命是什么”。基于这一考量，可以从静态结构基础、生命内驱力、生命的动态发展三个方面理解生命的本质（如图2-3所示），然后再分析这三个方面所包含的生物学课程内容。静态结构基础主要是指生命系统的结构层次，包括个体的结构层次和群体的结构层次。生命内驱力主要是指生命系统中的物质与能量变化，也就是我们常说的新陈代谢活动，包括生物体内的物质和能量代谢和生态系统中的物质循环和能量流动。生命的动态发展则是通过信息的传递与变化来实现的，同样可以从个体和群体两个层面进行分析。

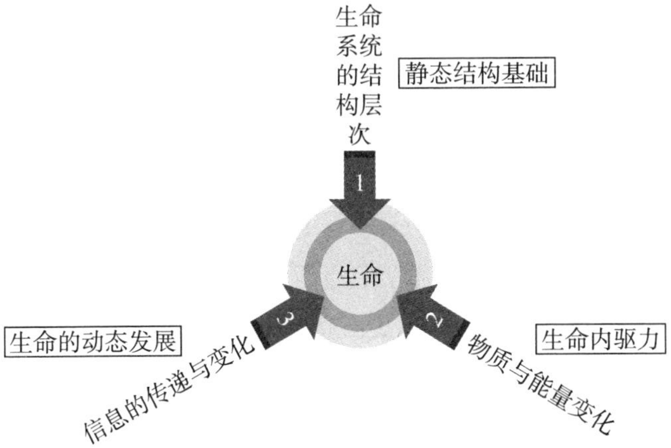

图2-3 生物学课程内容分析框架

在确定了课程内容的分析框架后，再对课程标准中的 10 个一级内容主题和 50 个重要生物学概念的关系进行分析，构建生物学科的知识图谱，如图 2-4 所示。

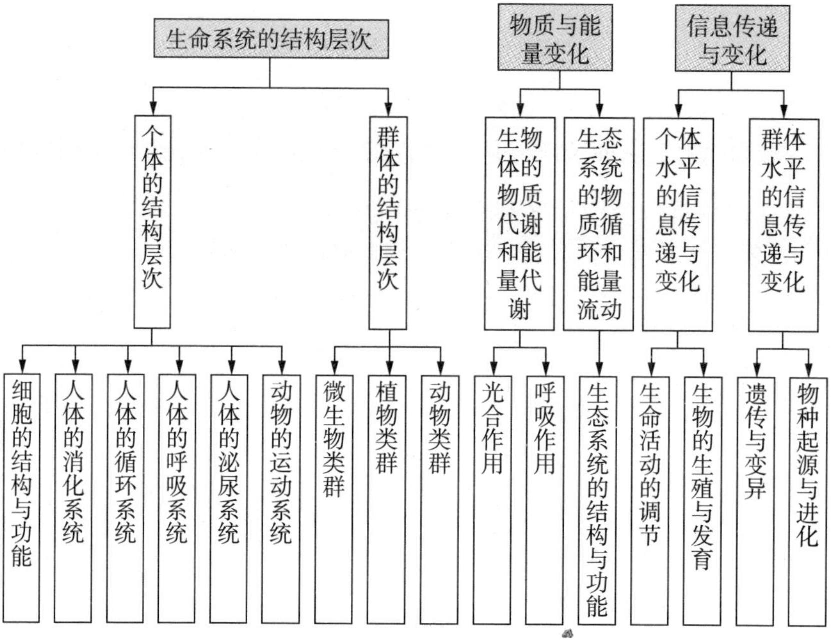

图 2-4 初中生物学科知识图谱

基于以上知识图谱，再进行具体主题的内容分析。在实际工作中，可以针对课程标准中的重要概念和教科书中相应章节内容的标题和实例进行综合分析。例如，对于图 2-4 中的“微生物类群”这一内容，课程标准和教科书中的核心内容结构如图 2-5 所示，它呈现了相关实例和概念之间的层级关系，使得课程内容的内部逻辑结构更加清晰和明了。

从图 2-5 可以看出，在“微生物类群”的核心内容结构关系中，不仅包括课程标准中的重要概念，还包括了教科书中的章节内容。这打破了课程标准中 10 个一级内容主题的界限，对内容进行了重新整合，涉及“生物的多样性”和“生物技术”两个主题的内容，从而体

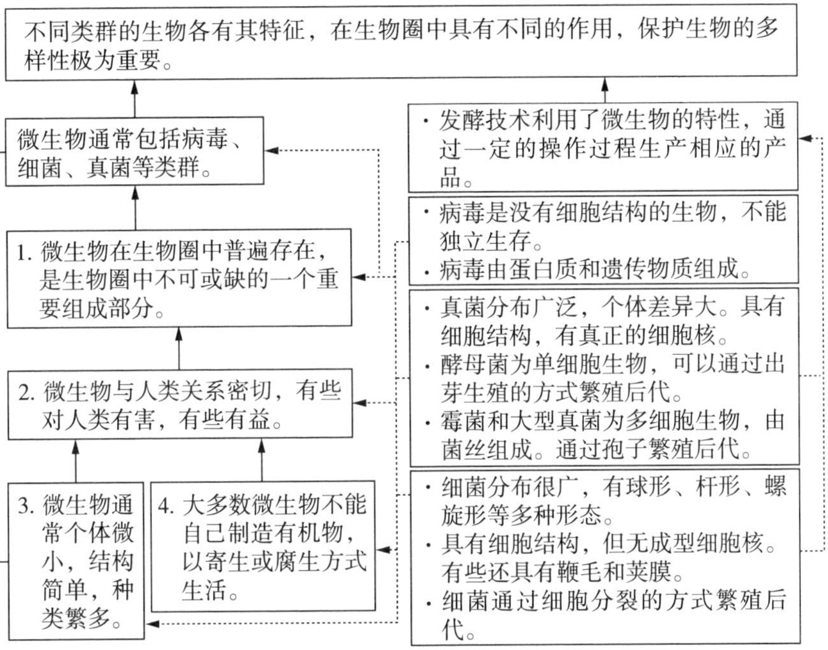

图 2-5　“微生物类群”的核心内容结构关系图

现出不同内容之间的关联性，这为确定单元学习主题提供了起点。

2. 解析课程内容的学科能力发展价值及学科核心素养发展价值

深度学习的目标不仅包括学生对相关知识的理解和把握，还包括学生在生物学科能力和学科核心素养方面的发展。因此，在确定单元学习主题时，还需要对课程内容所承载的教育价值进行解析。这种价值解析主要包括两个方面：一方面从生命观念、科学思维、科学探究和社会责任四个方面进行素养发展价值的分析，另一方面从学习理解、实践应用和迁移创新三个方面分析课程内容的学科能力发展价值。在实际工作中，通常会将学科能力发展价值与学科核心素养发展价值进行整合分析。

图 2-5 呈现了“微生物类群”中重要概念之间的详细层级关系，再进一步梳理这些概念之间的关系，可以看出它包括了微生物的分类、

微生物的形态结构、微生物的繁殖、微生物的代谢、传统生物技术和微生物的应用这些知识类别。从这些知识类别的角度看，可以培养学生从宏观到微观认识生物体结构与功能的认知方式。在教学中，可以以现象作为切入点，探讨现象背后的生物学本质规律，最后再尝试应用这些知识，为人类生活提供服务。因此，可以用图 2-6 表示“微生物类群”的知识属性。

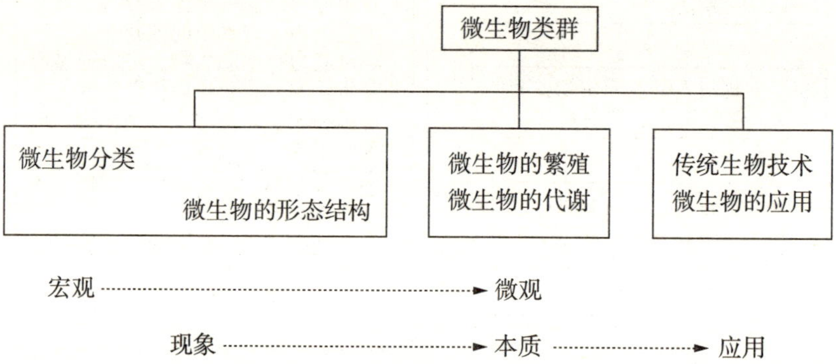

图 2-6 “微生物类群”的知识属性

基于上述知识属性的分析，可以看出通过“微生物类群”的学习，学生可以从结构与功能的角度认识微生物的形态结构及其代谢。在探讨微生物的代谢时，可以通过科学探究了解酵母菌这种典型微生物生存所需要的营养物质、条件、产物等，从而培养学生的科学探究能力。此外，由于微生物是学生熟悉的生物，其在生活中的应用非常普遍，因此，与学生的生活实际联系非常紧密。那么到底如何充分利用微生物为人类提供服务呢？学生可以利用身边的资源，通过实践活动，进一步探讨如何利用微生物生产相关的生物产品。因此，这一内容还可以培养学生的社会责任感。

3. 分析学生的学习需求

学生的学习需求是确定单元学习主题的另一重要依据。学生的学习需求主要包括学生的兴趣爱好和素养发展需求两个方面。

学生的兴趣爱好有助于他们积极主动地参与学习活动，例如饮食健康、宠物饲养、游戏、电影、动漫、实践探索、参观生物学教育场馆（如植物园、动物园、自然博物馆等）等都可能是学生的兴趣所在。在确定单元学习主题时，需要充分考虑学生的这些兴趣爱好，这是学生进行深度学习的保障条件之一。

学生的生物学科素养发展起点方面，需要考虑学生在学习相应内容时的经验基础，这些经验包括学生生活中的观察体验、观看电视科普节目、参观科普场馆等。这些经验既能为学生学习新知识搭建基础性的台阶，也提供了必要的学习支架。

对于“微生物类群”内容，一方面，由于许多微生物都与食品有关，如馒头、面包、腐乳、啤酒等，涉及饮食与健康，与学生的日常生活息息相关。另一方面，有些学生在家中参与过用酵母菌制作馒头或面包，还有些学生见过家人制作泡菜、酿制米酒等，这些都是学生的已有生活经验。因此，微生物如何致病、如何利用微生物生产特定的生物制品等都是深度学习可能的话题切入点。

基于这些分析可以看出，将“我来制作发酵饮料”确定为单元学习主题，既可引起学生的学习兴趣，又有学生的生活经验作为基础，能够满足学生的基本学习需求。

4. 确定生物学科的核心问题

课程内容可以承载一定的学科能力发展和素养发展功能，在确定单元学习主题时，应该进一步分析相应课程内容所能解决的核心问题。换句话说，就是要分析这些课程内容所能回答的学科问题。在确定核心问题时，主要考虑学科本体性和 STS[①] 两个因素。

在学科本体性因素方面，要分析相应课程内容能够帮助学生回答哪些生物学科的核心问题，也就是知识与知识之间的关系，它们之间

---

① STS，即 Science（科学）、Technology（技术）、Society（社会）三个英文单词的首字母合写。

存在因果关系，或前提与应用的关系。例如，关于微生物形态结构、多样性、繁殖与代谢方面的知识，是人类利用微生物为生活提供服务的前提和基础，这涉及微生物与人类生活的关系，还涉及微生物在生物圈中的作用。

在 STS 因素方面，要充分考虑与相应课程内容有关的日常生产生活现象，以及与其有关的技术和社会热点议题。例如转基因食品、健康饮食、水坝建设对当地生态环境的影响等都属于 STS 方面的因素。对于“微生物类群”来说，在日常生活中有大量现象与其有关，例如发酵、发霉、馒头或面包多孔松软等。这也是确定生物学科核心问题的重要依据。基于以上分析可以确定与“微生物类群”有关的核心问题为：如何利用微生物设计并制作某种生物产品？

二、设计单元学习目标

单元学习目标是深度学习的灵魂所在，是教学规划、学习活动和评价方案设计的重要依据。在设计单元学习目标时，要充分体现生物学科的本质，以学生活动作为载体，循序渐进地发展学生的生物学科核心素养。因此，单元学习目标是指向素养发展的，而不是单纯的碎片化知识习得，其突出特征是从知识到能力、从能力再到素养的目标发展主线。

在设计单元学习目标时，需要首先分析单元学习主题所涉及的课程标准中的内容要求，初步拟订学习目标。其次，再结合相应课程内容的学科能力发展和素养发展功能，对学习目标进行整合和加工，从学科能力和核心素养的角度来描述学习目标。最后，再根据实际的学情分析，对相应的素养目标进行聚焦，最终确定单元学习目标。

（一）分析课程标准要求，初步拟订单元学习目标

课程标准是确定学习目标的重要依据。首先需要根据深度学习的

主题分析其涉及课程标准中的哪些课程内容，然后再分析课程标准中的具体内容要求。

在“我来制作发酵饮料”这一单元学习主题中，涉及课程标准中2个一级主题的内容，分别是“生物的多样性”和“生物技术”，这两部分内容在课程标准中的具体内容和活动建议如表2-1所示。

表2-1 “我来制作发酵饮料”单元学习主题涉及的课程标准内容及要求

一级主题	具体内容	活动建议
八、生物的多样性	尝试根据一定的特征对生物进行分类。	
	描述病毒和细菌的主要特征以及它们与人类生活的关系。	
	描述真菌的主要特征及其与人类生活的关系。	调查当地食用菌的种类及生产情况。观察酵母菌、霉菌。
九、生物技术	举例说出发酵技术在食品制作中的作用。	练习制作面酱或酸奶等发酵食品。
	说明食品腐败的原因。	
	运用适当的方法保存食品。	探究食品保存的方法。

由表2-1可以看出，“具体内容”一栏主要是针对知识方面的目标，相对较为具体。但课程标准中并未显性地呈现这部分内容的能力目标，它可以隐含在教学的各个环节中，直接取决于教学策略和教学活动的选择。“活动建议”一栏则列出了建议完成的学生活动，通过分析这些建议活动，可以初步列出主要的能力目标。此外，“情感态度与价值观目标”在课程标准中则完全没有呈现出来，与能力目标相同，也要视教学策略和教学活动而定。基于以上分析，可以初步拟订该单元学习主题的学习目标如下。

“我来制作发酵饮料”单元学习主题的学习目标（初版）

知识目标：

● 说出微生物的种类及其主要特征；

● 概述微生物的代谢和繁殖特点；

● 说明食品腐败的原因；

● 举例说明常用的食品保存方法。

能力目标：

● 利用显微镜和放大镜观察不同类型的微生物，提高观察、总结和归纳能力；

● 通过探究食品保存的方法等活动，提高科学探究能力。

情感、态度与价值观目标：

● 形成认真观察、实事求是的科学态度和科学精神；

● 认同微生物在生物圈中具有重要作用这一观点；

● 关注微生物与人类的关系。

（二）按照核心素养的要求修订学习目标

任何学科的核心知识都承载着其独特的学科能力发展和核心素养发展功能，不同的核心知识所承载的教育功能不同。在确定教学目标时，需要对课程中的核心知识功能进行分析，这也是确定学习目标的基础性工作。因此，需要将学科核心知识、学科能力、学科核心素养三者进行有机整合，这是设计单元学习目标的重要指导思想。此外，还需要从学科能力和核心素养的角度对初步拟订的学习目标进行整合加工，而不再将学习目标划分为知识、能力、情感态度与价值观三个维度。

针对“我来制作发酵饮料”这一单元学习主题，在确定单元学习主题的过程中，已经分析了相应课程内容所能承载的学科能力发展和素养发展功能。例如，从结构与功能的角度认识微生物的形态结构，从稳态与平衡的角度认识微生物在生物圈中的作用，这些是生命观念方面的素养功能。从社会责任的角度出发，认识到保护生物多样性的重要意义。

根据以上分析，修订后的“我来制作发酵饮料”单元学习主题的学习目标如下。

“我来制作发酵饮料”单元学习主题的学习目标（修订版）

- 通过观察和识别多种多样的微生物，归纳概括微生物的种类及其主要特征；
- 从结构与功能、物质与能量的角度，概述微生物的代谢和繁殖特点；
- 利用显微镜或放大镜观察不同类型的微生物，提高观察能力；
- 通过探究食品保存的方法，提高科学探究能力；
- 关注微生物与人类的关系，从稳态与平衡的角度认识到微生物在生物圈中的作用。

在修订版的单元学习目标中，按照核心素养的要求描述了学习目标，涉及生命观念（结构与功能观、物质与能量观、稳态与平衡观）、科学思维（归纳概括）、科学探究（观察、设计研究方案）。

（三）依据学情分析，确定单元学习目标

深度学习的最终目的是发展学生的核心素养。在确定学习目标时，需要了解学生的素养发展起点，以此为基础，通过单元学习主题内容的学习，设定其应该达成的素养发展目标。

学生素养发展起点主要包括学生的知识基础分析、认知能力分析、科学探究能力分析等。通过这些方面的综合分析，能够对单元学习目标进行进一步的修订和完善。

在按照素养的要求设立学习目标时，常常出现的问题是，仅给学

习目标戴上核心素养的“帽子”，使得素养在目标上的呈现表面化和泛化，目标的设定也缺乏针对性。针对这一问题，需要特别注意的是要对单元学习目标的素养要求进行聚焦。例如，将“生命观念”聚焦到结构与功能观、物质与能量观、进化与适应观等，将“科学思维”聚焦到归纳与概括、演绎与推理、模型与建模等，将“科学探究”聚焦到利用多种方式记录研究结果、设计单一变量的对照实验等。

在“我来制作发酵饮料”单元学习主题的深度学习中，教师通过分析学生的基本情况、教学计划、学生访谈、调查等多种途径，了解学生的素养发展起点。结果发现，学生大都能够描述生物学概念的内涵，但未建立明显的生命观念；在科学探究能力方面，学生基本能够进行科学的观察，但是还不能通过多种方式综合地记录观察结果，设计单一变量对照实验的能力也有待提高。基于以上分析，可以对修订版的学习目标进行聚焦处理，形成最终版的单元学习目标如下。

“我来制作发酵饮料”单元学习主题的学习目标（最终版）

（a）通过观察和识别多种多样的微生物，<u>归纳概括</u>微生物的种类及其主要特征；

（b）从<u>结构与功能</u>、<u>物质与能量</u>的角度，概述微生物的代谢和繁殖特点；

（c）利用显微镜或放大镜观察不同类型的微生物，<u>利用多种方式客观地记录观察结果</u>；

（d）通过探究食品保存的方法、酵母菌在不同条件下的产物等活动，初步学会<u>设计单一变量的对照实验，并尝试进行科学的质疑和科学论证</u>；

（e）关注微生物与人类的关系，从<u>稳态与平衡</u>的角度认识到微生物在生物圈中的作用；

（f）尝试利用微生物和身边的其他资源，设计和制作相关的生物产品，形成保护环境和节约资源的<u>生态意识</u>。

三、设计单元学习主题的学习活动

单元学习主题的学习活动是深度学习的重要组成部分，学习活动质量将直接关系到学习目标的达成情况。在设计学习活动时，需要首先确定针对单元学习主题的核心问题；然后将核心问题分解为教学中用于执行的具体问题；再针对具体的问题，依据学习目标，设计相应的学习活动。在实施具体教学活动的过程中，教师还应不断地引导学生进行反思，得出具体问题的答案，最终回答核心问题，从而有效地达成单元学习主题的学习目标。

（一）单元学习主题的教学框架

在确定了学习目标后，需要对单元学习主题的教学进行整体规划，主要包括两部分工作。一部分是确定单元学习主题的问题主线，另一部分是进行课时规划，从而形成教学框架。

1. 以问题系统为主线，确定教学框架

学习目标在教学中的真正落实需要首先做教学的整体规划。核心问题承载着落实学习目标的功能。这一点在确定单元学习主题的过程中也有所论述。由于核心问题具有较高的概括性和统摄性，通常需要对多方面的概念和知识进行整合才能回答，因此有必要将核心问题分解为次级问题，然后再将次级问题分解为课堂教学中需要执行的具体问题，具体问题则直接与相应的知识和思维技能对接，从而将核心问题逐级分解，真正落实到教学中。从以上分析可以看出，在深度学习中，需要确定以问题系统为主线的教学框架（如图 2-7 所示），这样有利于引导学习目标的落实。

- 核心问题
  - 次级问题 1
    - 具体问题 1
    - 具体问题 2
    - 具体问题 3
  - 次级问题 2 ……
  - 次级问题 3 ……

图 2-7　单元学习主题的问题系统

2. 课时规划

在制订了单元学习主题的教学框架后，需要根据活动任务的难易程度，及其所需的时间，确定不同的活动任务所需的课时。

在“我来制作发酵饮料”单元学习主题中，根据课程内容的功能分析和学情分析，可以将核心问题设定为：“如何利用微生物设计并制作某种生物产品？”然后再对其进行逐级分解，最终确定该单元学习主题的问题系统，并与相应的学习目标相对应，同时确定具体的课时安排，如表 2-2 所示。

表 2-2　“我来制作发酵饮料”单元学习主题的课时规划

核心问题	次级问题	具体问题	学习目标	课时
如何利用微生物设计并制作某种生物产品？	微生物都有哪些类群？	● 细菌的形态和结构特点是什么？ ● 真菌的形态和结构特点是什么？	(a)； (c)	1
	微生物是如何繁殖的？	● 细菌是如何繁殖的？ ● 真菌是如何繁殖的？	(b)	1
	微生物是如何进行代谢的？	● 酵母菌的“食物”来源是什么？ ● 酵母菌在不同条件下的产物有何区别？	(b)； (d)	2
	微生物在生活中有哪些应用？	● 生活中与微生物有关的实例是利用了微生物的哪些特点？ ● 如何利用酵母菌制作发酵饮料？	(d)； (e)； (f)	2

（二）学习活动的设计原则

学习活动是深度学习的主体部分，它主要服务于学习目标的有效达成。一方面活动的形式应尽量新颖，体现生物学科的实践性学科属性；另一方面，又要鼓励学生深度参与，确保活动的有效性。在学习活动的设计过程中，要使其与学习目标保持高度的一致，同时还应兼顾活动的自主度，对学生提出有一定挑战性的任务。在呈现具体的学习活动时，需要按照一定的逻辑关系有机地进行组合，从而确保学习目标的有效达成。

1. 与学习目标保持一致

在设计具体的学习活动时，必须始终将学习目标置于一定的高度，用于指导学习活动的选择与设计。在实际操作中，有些学习活动可能与学习目标一一对应，有些学习活动可能对应多个学习目标，有时需要多个学习活动才能达成某一项或某几项学习目标，具体情况应因活动任务的类型和难易程度而定。

2. 学习活动的自主度应恰当

根据学生在学习活动中的自主化程度，可以将其分为封闭式、半自主和完全自主三类活动。对于结构化的学习活动来讲，由教师为学生提供活动的所有步骤和支持资源，学生仅需根据要求完成“菜谱式”的任务即可，在这种情况下，学习活动是完全封闭的，没有留给学生思考和设计的空间。与之相反的是完全自主活动，这种活动是完全开放的，学生需要根据活动目的完全自主地完成任务，这种情况下，活动任务对学生的挑战性是最大的，所有的活动步骤和环节都由学生独立完成，只有在有需要的情况下，教师才会给出一些必要的提示和引导。半自主的活动则处于二者之间，活动的基本框架是给定的，但是具体的活动任务步骤和细节均需在框架的指导下由学生完成。

在设计学习活动时，需要根据学习目标的需求以及课时安排，进行整体规划，选择和设计开放度恰当的学习活动。

3. 学习活动之间逻辑严密

深度学习是由多个学习活动构成的，不同的学习活动服务于不同的学习目标。在实际教学中，应该根据一定的内在逻辑安排学习活动的顺序。这种内在逻辑有多种形式，例如“知识的初步习得—知识的应用”“现象—本质—拓展应用”“宏观—中观—微观”“事实—概念—观念”等。具体采取哪种逻辑关系，要根据学习内容和学习目标来确定。

（三）学习活动的设计思路

1. 确定活动内容

活动内容是学习活动的内核，用于帮助学生回答问题系统中的“具体问题”。由于具体问题已经落实到了活动的层面上，与具体的生物学知识或概念是直接关联的，因此活动内容应由具体问题来直接锚定。

例如，针对问题“细菌的形态和结构特点是什么”和“真菌的形态和结构特点是什么”，就可以将活动内容设定为“观察和描述多种微生物”。

2. 选择活动所需的资源支持

任何学习活动都需要一定的资源支持，这些资源根据不同的分类方式，可以划分为显性资源和隐性资源、校内资源和校外资源等。常见的资源包括图片、视频、文本资料、模拟软件、活动或实验器具和材料、人力资源、场地资源等。在设计学习活动时，需要根据具体的活动任务需求来选择特定的资源支持。

例如，针对活动“观察和描述多种微生物”，需要的资源支持包括展示不同微生物形态和结构的图片、不同的微生物材料、显微镜和放大镜、载玻片和盖玻片等。还可以为学生提供配置牛肉膏蛋白胨琼脂培养基的各种试剂和材料。

3. 确定活动组织形式

在设计学习活动时，还需要考虑具体的组织和实施形式。活动组织形式包括教师讲授学生听讲、小组合作学习、角色扮演、自主探究、辩论、校外参观和调查等多种形式。由此可以将活动分为课堂上完成的活动和课外进行的活动。具体哪些活动安排在课堂上完成，哪些安排在课外进行，需要综合考虑活动任务的难度及其重要性。对于那些发展学生核心认知方式和高阶思维能力的活动，教师的引导和多方的互动是非常有必要的，这类活动通常会安排在课堂上完成。对于具体执行类的活动，如果不需要学生进行高难度的认知活动，考虑到课时有限，可以安排在课外进行。

在选择活动组织形式时，同一单元学习主题的不同学习活动，应综合选择多种不同的活动形式和策略，调节活动节奏和学生的参与度，从而保证学习目标的有效达成。

基于以上分析，“我来制作发酵饮料”单元学习主题的学习活动安排如表 2-3 所示。

表 2-3　“我来制作发酵饮料”单元学习主题的学习活动安排

具体问题	活动内容	资源支持	组织形式
• 细菌的形态和结构特点是什么？ • 真菌的形态和结构特点是什么？	制作培养基、采集和培养空气中的微生物	培养皿、配置不同培养基的试剂和材料	课外活动 小组合作学习
	观察和描述多种微生物	细菌和真菌的图片和视频、观察记录单	小组汇报，教师引导总结，形成概念

续表

具体问题	活动内容	资源支持	组织形式
微生物是如何繁殖的?	蘑菇的繁殖	寻找雨后蘑菇，制作孢子印	课后调查，记录生存环境和产生的孢子印 课堂汇报、展示
	细菌和酵母菌的繁殖	菌落和细菌分裂繁殖的图片、酵母菌出芽繁殖的图片或视频、显微镜	课堂观察，教师总结
微生物是如何进行代谢的?	探究酵母菌的食物来源	糖、食用油、蛋清等食物 酵母菌、反应容器(锥形瓶、试管、自封袋等)、气球 实验记录单	课上：教师引导学生设计研究方案 课下：学生以小组为单位实施研究方案，记录研究结果 课上汇报展示
	探究酵母菌在有氧和无氧条件下的产物	材料同上	组织方式同上
微生物在生活中有哪些应用?	我们身边的微生物	微生物与人类生活关系的实例资料	教师提前布置任务，由学生课前搜集相关资料 课堂上小组展示
	制作酵母菌发酵饮料	食用酵母粉、反应容器等实验材料用具	课下自主探究 课上汇报展示

四、设计单元学习主题的持续性评价方案

在设计深度学习的评价方案时，需要依据一定的原则，确定评价

目标，然后再进行评价的整体规划，最后再根据评价目的，设计相应的评价工具。

（一）持续性评价原则

在进行深度学习的持续性评价设计时，需要遵循评价方式多元化、评价主体多样化、评价内容素养化、评价过程持续化、评价结果客观化的多重原则，以确保评价工作的有效性。

1. 评价方式多元化

深度学习的最终目的是发展学生的生物学科核心素养，对于学生学习过程的监测至关重要。在实际教学中，要注重发挥不同评价方式的优势，注重过程性的评价，可以通过课堂回答问题、课堂讨论、小测验、课后作业、实作评价、访谈等多种评价方式，收集关于学生学习表现的各种相关资料，从而对学生的学习成果进行综合评价。

2. 评价主体多样化

在设计评价方案时，应注重学生在评价环节中的主体性，学生不仅仅是被评价的对象，同时也是评价的主体，评价的目的是改进教师的教学和促进学生的学习，因此教师、学生，甚至家长都可以作为评价的主体。在具体操作中，可以采用教师评价、学生互评和自评、家长评价等多种方式进行评价，使学生在参与评价的过程中学会自我反思和改进，这正是“为了学习而进行评价”（assessment for learning）理念的重要实践。

3. 评价内容素养化

在评价内容方面，不能仅仅局限在对知识的评价，还要对学生素养发展的其他方面进行系统性的评价。例如学生的科学思维水平、生命观念的达成情况、科学探究能力的变化等。对于评价内容的选择，要根据学习目标来确定，二者保持一致，以对学生的学习表现进行综合性的评价。

4. 评价过程持续化

学生的生物学科核心素养是在学习过程中逐渐养成的，不能一蹴而就。在评价过程中就需要收集学生在不同学习活动、不同学习主题、不同学习阶段中关于生物学科核心素养的具体表现的资料，以此为依据判断学生素养的发展水平。因此，评价的过程需要持续进行，有利于系统地对学生的素养表现进行评价和反馈。

5. 评价结果客观化

在评价结果方面，应基于学生在特定学习活动中的任务完成情况，客观地记录他们在各个评价目标上的具体表现，这是学习目标达成度的直接证据。然后基于此对教学设计的适切性和教学改进策略做出判断。如果在评价过程中缺乏学生表现的证据，凭借缺乏理论依据的感性判断做出的教学决策是不可取的，也无法实现精准的教学改进。

（二）持续性评价目标

评价目标是设计评价方案的重要依据，而评价目标又是根据学习目标来制定的。因此，评价目标与学习目标要保持高度一致，需要从生物学科核心素养的角度进行呈现，主要包括生命观念、科学思维、科学探究和社会责任四个方面。

在评价目标的设定方面，首先要明确各个生物学科核心素养的水平。例如，在生命观念方面，最低的水平为学生从事实的角度解释现象和分析问题，较高水平为学生能够运用相应的科学概念或原理解释现象，最高的水平为学生从不同的生命观念视角综合地解释现象或阐明观点。在确定评价目标时，根据学生的学习目标对应的素养水平进行描述，例如“利用绿色植物在生态系统中角色的概念阐述植树造林的生物学意义”。从这一评价目标来看，其对应的生命观念水平为“利用生物学概念或原理分析问题”，主要包含了三个要素：第一是素养维度为生命观念，第二是素养的发展水平为中等，第三是评价活动的载体是阐述植树造林的生物学意义。因此，从持续性评价来看，该目标反映出学生在今后的学习中在生命观念这一素养方面还有发展的空间。

（三）持续性评价方案

评价方案是对学生学习成果进行评价的系统性设计，需要对具体的评价环节进行综合设计，主要包括评价目标、评价内容、评价载体、评价方式、评价主体。

“我来制作发酵饮料”单元学习主题的持续性评价方案如表 2-4 所示。

表 2-4 “我来制作发酵饮料”单元学习主题的持续性评价方案

评价目标	评价内容	评价载体	评价方式	评价主体
运用生命观念解释生物学现象（事实—概念—观念）	学生是否能够运用生命观念解释微生物的结构、代谢等现象。	• 学生在观察不同微生物形态结构时回答问题的情况。 • 学生在探究酵母菌的食物来源时对代谢过程的阐述。	课堂观察	教师
	学生是否能够用生命观念解释微生物在生物圈中的作用。	学生在课后作业中举例说明微生物与人类的关系。	课后作业	教师

续表

评价目标	评价内容	评价载体	评价方式	评价主体
学生运用科学思维分析和讨论问题	学生能否根据事实，进行总结归纳，形成生物学概念。	学生根据多种微生物的实例，总结微生物的形态结构特点。	课堂观察	教师
	学生能否利用证据进行质疑和讨论。	● 在探究酵母菌的食物来源时，学生在展示、讨论和修正活动方案，及汇报和讨论研究结果时的表现。 ● 在探究酵母菌在不同条件下的产物差异时，学生在展示、讨论和修正活动方案，及交流研究结果时的表现。 ● 在自制酵母菌发酵饮料时，学生在展示、讨论和修正活动方案，及汇报和讨论研究结果时的表现。	实作评价	教师 学生（自评、互评）
学生运用科学探究的方式寻求生物学问题的答案	学生是否能够学会运用多种方法客观地记录研究结果。	学生在观察细菌和真菌的图片和视频后的观察记录单。	学生的观察记录单	学生
	学生是否会设计单一变量的对照实验。	● 在探究酵母菌的食物来源时，学生的实验方案。 ● 学生关于探究酵母菌在不同条件下的产物差异的方案。	学习活动任务单	教师

第三章

初中生物深度学习的实施策略

初中生物深度学习的有效实施有赖于教育系统各个要素的共同参与，例如教师专业素养的提升、教研机制的变革、教育行政管理措施的保障等。这些要素之间需密切配合，相互协同促进，任何一个要素的缺失或不到位，都会影响深度学习的效果。因此，需要将这些要素作为着力点，开展相关的工作，以有效实施初中生物的深度学习。

第一节　初中生物教师实施深度学习的策略

在教师层面上，特别需要从自身专业素养提升的方面开展各项工作。例如学科知识及其教育功能的剖析、学习活动与生活实际的联系、课程资源的整合与开发、课内外活动的有机结合等。

一、注重学科知识及其教育功能的剖析

教师在进行深度学习的教学设计时，首先需要进行教学内容分析。一方面要分析与相应单元学习主题有关的知识体系，即知识本体；另一方面还要分析这些知识所能承载的学生素养发展价值，即知识的教育功能。教学内容分析是进行深度学习教学设计的重要前提，只有厘清知识本体中各部分内容之间的逻辑关系和脉络，同时从学生发展的角度来看待这些知识的教育功能，才能统筹考虑，系统性地设计学习活动。

在实际工作中，教师应该在内容分析方面下足功夫，避免简单地罗列学习活动。否则容易孤立地看待知识，为学生提供的学习活动也是零散的，学生只能被动和机械地进行接受式的学习，他们所习得的知识和能力也自然就是孤立和零散的，很难将这些看似没有联系的知识进行整合，形成有用的知识（usable knowledge）。

因此，在开展深度学习的过程中，教师首先需要做好教学内容分析工作，为后续的教学设计奠定基础。

二、关注学习活动与生活实际的联系

从知识产生的角度来看，生物学课程中的相关知识是人们在研究生命现象的过程中逐渐积累的成果，也就是说生物学知识来源于自然界中的生命现象。从学生的学习来看，也应该遵循人们认识自然界的路径，从认识实际生活中的生物学现象入手。这两个方面具有高度的一致性。

在确定单元学习主题时，需要充分考虑学习活动与现实生活的联系。在具体的操作中，需要考虑相应的学科知识在现实生活中有哪些应用，这能为学习活动找到很好的切入点，也能为学习活动提供目标指向，即应用相应的生物学知识解决现实生活中的实际问题。同时，从学生生活实际中的生物学问题出发，一方面能够激发学生的学习兴趣，另一方面还能使学生感知到身边的生物学问题，从而帮助学生获得有用的生物学知识。

例如，在学习有关泌尿系统和循环系统的知识时，可以考虑联系人体健康方面的生活实际问题。例如心脏的保健和泌尿系统的卫生、心脏病和泌尿系统疾病的预防和治疗等，进而将单元学习主题定位到这些健康方面的话题上。通过泌尿系统、循环系统等相关生物学知识的学习，最终解决生活实际中相关的健康问题，例如自制人工肾脏或人工心脏起搏器等。

三、注重课程资源的整合与开发

课程资源是课程的一个重要组成部分，是开展学习活动的重要保障。课程资源的来源多种多样，既可以是来自教科书或教学参考书中现成的学习活动资源，也可以是教师对这些资源进行改造和加工后的变式资源，还可以是教师根据学生的学习需求自行开发和设计的新课程资源。

初中生物深度学习的有效实施需要恰当的课程资源作为支撑。深度学习并不意味着众多课程资源的堆叠，也不意味着是需要大量精密仪器的“高端”研究。在进行深度学习的教学设计时，教师的视野不能局限于教科书中现成的资源，而应放眼于单元学习目标和学习活动的需求，进行资源的整合与加工创造。

例如，在“我来制作发酵饮料”这一单元学习主题中，教师在课程资源的选择方面，既有活动“利用放大镜或显微镜观察微生物”所使用的显微镜等实验室资源，也有活动“制作孢子印”所使用的蘑菇等社区资源，还有活动“制作发酵饮料”中使用到的矿泉水瓶等家庭资源，无论哪种形式的课程资源，如果得到合理使用，都能够服务于单元学习目标的达成。

四、根据需要，课内外活动有机结合

在初中生物深度学习中，一个单元学习主题的学习活动通常需要3—5课时来完成，个别内容甚至需要更长的时间。由于各个学习活动之间是有一定的内在逻辑联系的，大部分学习活动可以在课上完成，有些学习活动需要的时间相对较长，或需要利用家庭的相关资源，或需要家长的协助来完成。因此，在实际教学过程中，大部分活动是在课内完成的，还有一小部分活动根据需要，可以适当延伸到课外去完成。但是这并不意味着所有的单元学习主题都需要通过课内与课外相结合来完成，每个学习主题中的学习活动类型不同，具体是否需要课外的时间作为补充，需要根据具体情况来定。

例如，在“传染病及其预防”这一主题中，涉及传染病类型、传染病的预防和治疗、免疫与计划免疫等内容。在设计学习活动时，可以是课内的资料分析、案例研讨或角色扮演，考虑到深度学习的特点，还可以安排学生在课后进行传染病的调查，或查阅资料设计宣传海报，进而帮助他们深入理解所学的概念，同时发展其主动宣传科学知识的社会责任意识。

第二节　保障初中生物深度学习的教研机制

教研活动是教师专业发展的一个重要途径。深度学习的有效开展同样也需要教研机制的保障。教研员在组织本区域的生物学教师开展深度学习时，需要有针对性地开展教研活动，保证教研活动的有效性，促进本区域全体生物学教师专业素养的提升。

一、系统性地组织专题研讨

在教研活动中，可以根据深度学习的组成要素，设计专题性的教研活动。如“单元学习主题的确定”“深度学习目标的确定”“深度学习活动的设计”“深度学习持续性评价的设计”等。

在具体实施过程中，教研员需制订教研计划，从理论学习到专题研讨，再到案例解析，层层递进。在理论学习环节，可以组织全体教师认真学习深度学习的相关理论，既可以请专家进行理论解读，也可以组织教师学习刘月霞和郭华主编的《深度学习：走向核心素养（理论普及读本）》和本书的内容。同时，结合本书第四章提供的几个深度学习案例，帮助教师们对深度学习有一个整体的理解和把握。

在理论学习的基础上，再以某个内容主题为载体，在特定时间段内的教研活动只围绕一个专题进行研讨，如首先进行“单元学习主题的确定”这一专题的教研活动。在具体的活动中，全体教师以小组为单位事先在理论学习的基础上尝试确定相应内容的单元学习主题，接着进行展示和交流，邀请专家进行点评，然后再各个小组再进行修正和完善。这一过程通常需要进行2—3轮次，教师们的尝试才能逐渐符合相关的理论要求。在确保各个小组都能够掌握基本的操作要求后，再顺次开展后续专题的研讨活动。

在初中生物深度学习教学改进项目的实验区中，广州市南沙区的教研活动就是按照这种操作程序来逐步推进深度学习项目的。南沙区教育局组织全体初中生物学科教师参与理论研修和实践研究。目前针对单元学习主题的确定已经完成了两轮理论培训和实践操作，绝大部分教师都能根据要求确定恰当的学习主题，并能说明确定主题的具体依据。参与活动的教师普遍认为这种教研活动效果良好，研修活动初见成效。在后续的教研活动中，他们将针对学习目标的确定、学习活动和持续性评价的设计进行专题培训和研修。

二、打造典型案例，从模仿走向自主开发

任何学习的过程都是从模仿开始的，中学生物学教师开展深度学习的过程亦是如此。从最初的理论学习，到模仿现成的案例，再到自主开发，这是一个循序渐进的过程。在教研活动中，在理论学习和专题学习之后，可以按照先模仿再自主开发的程序分阶段地组织教研活动。在具体的实施过程中，如果有必要的话，需要邀请专家参与案例的设计、点评和打磨工作，逐渐形成一批有代表性的典型案例。

例如，在本书第四章“我来保护生物圈”这一案例的开发过程中，深度学习相关专家、广州市南沙区生物学科教研员和一线教师共同参与了相关的工作。在模仿阶段，首先由主设计师黄毅森老师根据现成的案例“解密腐烂现象”进行模仿设计，然后再由案例开发团队进行修改和打磨，不断完善。下面以其中第 4 课时的持续性评价为例，说明具体的完善过程。

黄老师根据案例模仿设计的持续性评价方案第一稿如表 3-1 所示。

表 3-1　黄老师模仿设计的持续性评价方案

序号	评价目标	评价任务	评价标准	评价方式
4	理解生物圈是最大的生态系统。	(1) 课上，关注学生能否结合前面所学的内容理解“生物圈是地球最大的生态系统”，用思维导图绘制本单元的知识脉络。 (2) 课后，关注学生观后感的书写能否融入本单元的知识，流露真情实感。	(1) 无法理解“生物圈是地球最大的生态系统”，绘制的思维导图知识零散，未整合成合理的知识框架。 (2) 理解“生物圈是地球最大的生态系统”，绘制的思维导图能较好地表现本单元的知识框架。 (3) 理解“生物圈是地球最大的生态系统”，绘制的思维导图精美，能系统全面地表现本单元的知识框架。	课堂观察、提问、倾听、看思维导图

在“评价目标”部分，黄老师的评价方案第一稿只是笼统地写出了评价要求，而未说明学生具体应该从哪个方面理解生物圈是最大的生态系统，即未将学生的思维主线凸显出来。根据该单元的学习目标，学生在学习生态系统的过程中，应该从系统的角度思考问题，因此，可以将评价目标修改为“从系统的角度理解生物圈是最大的生态系统”。

在“评价任务”部分，评价任务（1）与评价目标具有一定的匹配度，但是“关注学生能否结合前面所学的内容理解……”这一说法不够明确，可以根据评价目标修改为“关注学生能否结合生态系统的概念，从系统的角度分析生物圈是地球上最大的生态系统”。而“用思维导图绘制本单元的知识脉络”和评价任务（2）都与评价目标无直接关系，因此，应删除。

在“评价标准”部分，黄老师的评价方案第一稿也反映出与评价目标不匹配这一问题，应该按照学生的思维水平对学生的表现进行评价。因此，可以从碎片化的认识、笼统的要素分析、系统的要素分析等水平拟订评价标准。

最终修改完善的版本参见第四章案例三中的“持续性评价”部分。

在研讨的过程中，设计者会逐渐理解具体的设计思路和要领，从仅关注“形似”的模仿阶段逐渐学会自主设计和开发。当然，这一过程并不是通过一两次教研活动就能够一蹴而就的，需要持续的教学研讨以及多方人员的共同参与。

三、定期组织区域内和跨区域的教学观摩与交流活动

教学观摩和交流活动是教研活动的重要形式。对于深度学习来讲，由于许多教师第一次接触这一概念时，感觉无从下手，在这种情况下，教师们最容易接受的就是教学示范，因此教学观摩是一种非常有效的活动形式。

深度学习的教学示范课既可以来自本区域的生物学教师，也可以来自其他区域。特别是来自不同区域的教师开展关于深度学习的教学观摩研讨活动，互相分享各自的做法和经验，这样便于他们取长补短，共同提高。

在进行教学观摩研讨活动时，可以事先确定一个内容主题，然后两个区域的教研团队分别进行设计，并进行同课异构，互相观摩。然后再分别阐述单元主题的确定和设计思路，互通有无。虽然是同一内容主题，但是不同团队的理解不同，设计思路也不尽相同，甚至有时候会有较大的差别。因此，这种交流和分享也就非常有必要。但是需要说明的是，关于同一内容主题的深度学习教学设计思路不同，没有孰优孰劣，其最终效果要看这种设计思路是否能够满足学生生物学科核心素养发展的需要。

例如，2017 年年底，在教育部基础教育课程教材发展中心的组织下，北京市海淀区与广州市南沙区开展了一次跨学科的生物学科深度学习同课异构教学观摩和交流活动，内容主题为“病毒”。通过两位教

师的现场授课，以及课后的说课和集体研讨，互相分享设计思路和经验，两个团队的教师都收获很大，取得了良好的教研效果，为在两个实验区进一步推进初中生物深度学习教学改进项目起到了良好的促进作用。

第四章

初中生物深度学习教学案例

案例一

营养物质的消化与吸收

教科书版本：北京版实验教材

授课年级：七年级

单元总课时：4 课时

设计者：郭雅慧①

执教者：郭雅慧

单元学习主题

1. 主题名称

营养物质的消化与吸收。

2. 主题的解读

从课程标准角度看，本教学内容属于第五个内容主题“生物圈中的人”中第一个二级主题“人的食物来源于环境”。课程标准中相关教学指导思想和重要策略包括：

- 教师应通过指导学生调查和资料的收集、处理、交流等活动，帮助学生领悟合理膳食和食品安全对人身体健康的重要性。
- 教师在引导和组织学生进行探究性学习时应注意：鼓励学生自己观察、思考、提问，并在提出假设的基础上开展探

① 工作单位为北京市首都师范大学附属丽泽中学。

究实验活动；注意课内外活动相结合，有计划地安排好需要较长时间才能完成的探究实验活动；重视探究性实验活动学习报告的撰写和交流，培养学生通过文字描述的方式完成报告，并组织交流探究的过程和结果。

- 在课程与评价过程中，注重为学生创设情境。例如提供相关的图文信息资料、数据，或从学生的生活经验、经历入手，引导学生运用所学生物学知识解释或解决生活中的实际问题，为培养学生科学解释能力提供充分的机会。与此同时，教学过程中还应注重结合具体的教学内容，采用多种不同的教学策略和方法，达到课程目标。

学生活动建议包括：

- 探究发生在口腔内的化学消化。
- 制作小肠壁结构的模型。
- 收集食物营养成分的资料，制订合理的膳食计划。
- 调查当地有关食品安全问题的实例。

其中必做的活动是“探究发生在口腔内的化学消化”。

从课程标准对本部分学习内容的要求及相关教学策略、活动建议可以看出：

本部分内容包括营养物质的组成及作用、合理膳食和食品安全、人体消化系统的结构，以及食物的消化和营养物质的吸收。同时课程标准中还指出让学生通过观察、探究、设计等学习活动获取上述知识。因此，通过该主题的学习能够培养学生生命观念、科学思维、科学探究、社会责任等生物学科核心素养。

通过本单元的学习，学生在学科核心素养上应该达到以下水平：

- 认识到生物体结构与功能相适应是基本的生命观念。能够描述人体消化系统的组成，概述小肠适于消化和吸收的结构特点。
- 能够对人和动物的营养的本质有所认识，概述食物消化和营养物质的吸收过程；运用相关生物学知识辩证地、理性地看待实际生活中的现象和问题。在观察和探究食物的消化和营养物质的吸收的过程中，进行客观推理分析，提升科学解释和推理能力。
- 能够通过探究实验设计、实施，并进行结果分析与交流，提升科学探究能力。
- 能够理解合理膳食和食品安全对人身体健康的重要性，养成良好的饮食习惯，激发维护食品安全的社会责任感。

从学生角度来看，在本单元学习之前，学生通过七年级的学习已从微观层面认识到生物体除病毒外都是由细胞构成的，细胞是生物体结构和功能的基本单位。但是除此结论外大多是从宏观角度认识植物和动物的生命活动的。

学生从生活中知道人和动物通过从外界摄取食物获取营养物质和能量，但并不清楚营养物质和能量的关系。具体来说，学生能够说出营养物质有水、无机盐、糖类、蛋白质、脂肪、维生素，但并不能区分哪些是小分子物质，哪些是大分子物质；能够说出消化和吸收，但并不理解消化和吸收两个不同的过程及其本质，以及二者之间的联系。

与此同时，学生已经具备一定的联系生活经验的能力，但是缺少建构系统的意识，即对消化系统的结构与功能，以及各部分结构构成统一的整体缺乏深入的理解。学生能够熟练使用显微镜和解剖器对标本进行观察，但对小肠适于吸收的结构特点观察不够细致全面。

在生活中的应用方面，学生对合理膳食和食品安全有一定关注，但不能科学、全面地运用相关生物学知识解释生活中的相关问题。

学生在达到以下学习目标的过程中存在一定困难：区分营养物质和能量并建立两者之间的联系，区分大分子物质（包括糖类、蛋白质和脂肪）和小分子物质（氨基酸、葡萄糖、甘油和脂肪酸、维生素、水、无机盐）；理解食物的消化和营养物质的吸收是两个不同的生理过程，概述消化和吸收的过程。

人和动物的营养方式都是异养，需从外界摄取食物为生命活动提供所需的物质和能量。学生在生活中能够观察到各种各样的与营养相关的现象，食物中含有哪些营养物质？如何做到合理膳食？发生在人体消化系统中的消化和吸收过程是怎样的？这些问题与学生的日常生活息息相关。因此，基于深度学习理论，设计并实施以“营养物质的消化与吸收”为主题的单元学习，可以帮助学生从微观本质上认识“摄食”这一基本的人体生命活动，进而能够理解合理膳食和食品安全对人体健康的重要性，养成良好的饮食习惯，激发维护食品安全的社会责任感。基于上述分析，进行本主题的学习是十分必要的。

单元学习目标

1. 目标确定

课程标准对本主题的教学提出了5点建议和要求——说出人体需要的主要营养物质；描述人体消化系统的组成；概述食物的消化和营养物质的吸收过程；设计一份营养合理的食谱；关注食品安全。在此之前，一方面，学生通过学习已经对生物体的结构层次具有一定认识，并且能够掌握基本的科学研究方法。另一方面，“摄食”是人和动物最基本的行为，学生对此有较为丰富的生活经验和前概念，但这些前概念往往比较浅显或者与科学概念相悖。“营养物质的消化与吸收”主题能够充分体现“结构与功能观”“物质与能量观”等生命观念，为学生科学探究能力和科学思维的发展提供良好契机，同时也能够帮助学生养成良好的饮食习惯，学会更深入、更全面地看待食品安全问题。

2. 学习目标

根据上述分析，确定本单元学习目标如下。

（1）通过观察演示实验“检验食物中的营养物质”，总结归纳营养物质的种类。结合生活实际，分析并总结各种营养物质的主要作用。结合问题情境，明确合理膳食的标准，并尝试设计一份营养合理的食谱。在认识消化系统的组成的基础上，通过观察、实验探究，按照“宏观—微观”的顺序，认识食物的消化和营养物质的吸收过程。根据结构与功能相适应的生物学观点，推理分析出小肠是食物的消化和营养物质的吸收的主要场所。(生命观念)

（2）分析“检验食物中的营养物质”“探究淀粉和葡萄糖的不同透过性”实验现象，并得出结论，领悟实验设计思想；设计并完成实验，探究不同消化液对食物的消化作用；通过观察、分析资料认识并总结小肠适于吸收的结构特点。提升实验探究能力和科学解释能力。(科学思维、科学探究)

（3）关注自己的饮食结构与习惯，认同一日三餐定时、定量、不偏食、不饮酒、讲卫生的重要性。在实验中，形成严谨和实事求是的科学态度。能够多角度、多层次、较全面地看待食品安全问题。(生命观念、社会责任)

单元学习活动

在学习活动设计方面，本单元共需要 4 课时来完成。从宏观现象入手，首先认识营养物质的种类及其主要作用，探讨合理膳食的相关问题，然后从微观本质的层面分析食物是如何在消化系统中被消化和吸收的。本单元 4 个课时的学习活动框架如图 4-1 所示。

本单元每个课时的具体学习目标、学习内容、学习活动和学习资源的整体安排如表 4-1 所示。

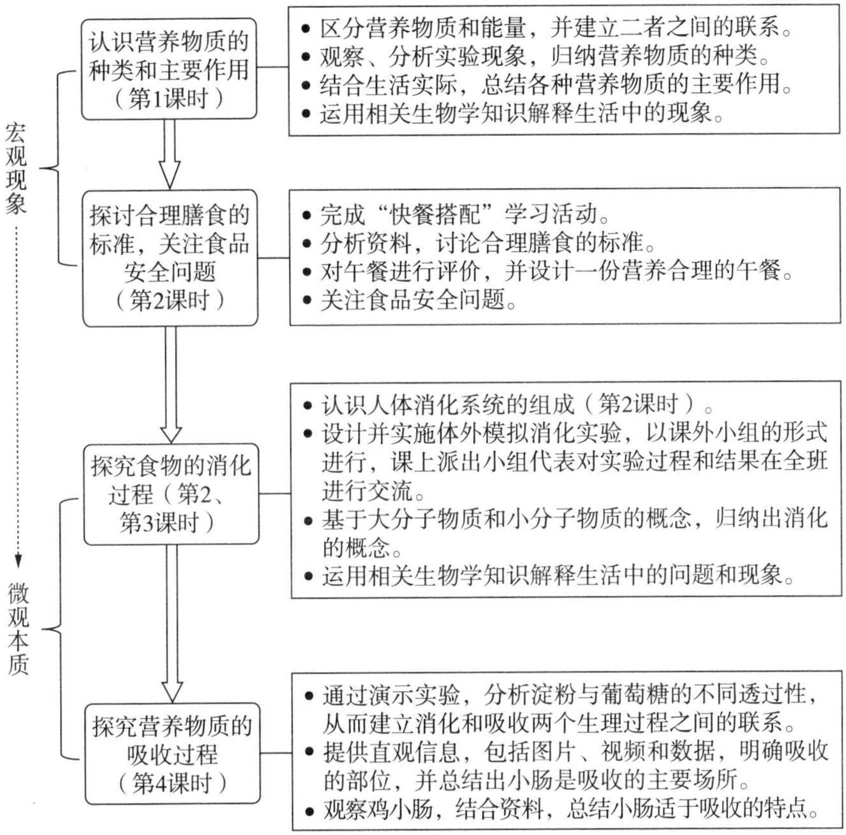

图 4-1　“营养物质的消化与吸收”单元学习主题的学习活动框架

表 4-1　本单元学习主题每个课时的整体安排

课时	学习目标	学习内容	学习活动	学习资源
1	通过观察演示实验“检验食物中的营养物质”，总结归纳营养物质的种类。结合生活实际，分析并总结各种营养物质的主要作用。	认识营养物质的种类和主要作用。	观察“检验食物中的营养物质”实验现象，分析实验结果；运用相关生物学知识解释生活中的问题和现象。	检验食物中营养物质的材料、试剂和工具。

续表

课时	学习目标	学习内容	学习活动	学习资源
2	结合问题情境，明确合理膳食的标准，并尝试设计一份营养合理的食谱。能够关注自己的饮食结构与习惯，认同一日三餐定时、定量、不偏食、不饮酒、讲卫生的重要性。能够多角度、多层次、较全面地看待食品安全问题。	合理膳食的标准，关注食品安全问题。	分析资料，讨论合理膳食的标准；完成“快餐搭配”，并对其进行评价，设计一份营养合理的午餐。 认识消化系统的组成。	午餐种类、食品包装、中国居民均衡膳食宝塔等图片素材。
3	能够设计并完成实验，探究不同消化液对食物的消化作用；在实验中，形成严谨和实事求是的科学态度。 基于大分子物质和小分子物质概念，归纳消化的概念。运用相关生物学知识解释生活中的问题和现象。	不同的消化液能够消化特定的营养物质。	设计并实施体外模拟不同消化液对特定营养物质的消化实验，并对实验过程和结果进行交流、汇报。	体外模拟消化实验材料、试剂和工具；学生拍摄的实验结果的照片。
4	分析“探究淀粉和葡萄糖的不同透过性”实验现象，并得出结论，体会实验设计思想；通过观察、实验探究，按照“宏观—微观”的顺序，认识食物的消化和营养物质的吸收过程。 根据结构与功能相适应的生物学观点，推理分析出小肠是食物的消化和营养物质的吸收的主要场所。	探究营养物质的吸收过程。	通过演示实验分析淀粉和葡萄糖的不同透过性。 通过观察鸡小肠的结构，分析小肠适于吸收营养物质的结构特点。	关于实验“探究淀粉和葡萄糖的不同透过性”和“观察鸡小肠”的实验材料和用具。

持续性评价

本单元学习主题的持续性评价主要包括三个方面，分别从结构与功能观、科学探究方案的设计、应用知识解释现象开展持续性的评价。

表 4-2　本单元学习主题的持续性评价方案

序号	评价目标	评价任务	评价标准	评价方式
1	诊断学生对消化系统的认识水平（结构—功能—关联）。	解释有关消化系统结构与功能的生物学现象。	（1）从生活经验的角度解释现象。 （2）简单运用消化系统相关的术语解释现象，但不够具体。 （3）能够按照“宏观—微观”的顺序，简要描述消化系统的基本组成。通过观察和分析消化系统各器官的结构特点，分析各自的功能。最终，能够从结构与功能观的视角阐明消化系统的结构与功能。	课堂观察
2	控制单一变量，设计对照实验，探究消化液对特定营养物质的消化作用。	关注学生在设计实验研究方案时是否从控制单一变量的角度设计对照实验，从而探究消化液对特定营养物质的消化作用。	（1）设计实验方案时，未考虑到控制单一变量，或未设置对照实验。 （2）能够结合消化系统的结构特点，设置消化液与清水的对照实验，控制温度为37℃。 （3）能够结合消化系统的结构特点，设置合理的单一变量对照实验，并能够根据实验结果得出合理的结论。	实作评价、学生填写的实验工作单

续表

序号	评价目标	评价任务	评价标准	评价方式
3	诊断学生综合实际解决问题的能力水平(关联—辩证—社会责任)。	通过语言和文字，运用所学生物学知识对生活中的现象和问题进行解释。 设计一份合理的食谱，并记录在任务单上。	(1) 用生活化的语言解释生活中与营养物质消化与吸收有关的生物学现象；从个人生活习惯的角度设计食谱。 (2) 用消化与吸收的生物学概念解释生活中相关的生物学现象；从膳食宝塔中食物类别的角度设计食谱。 (3) 用消化与吸收的生物学概念解释生活中相关的生物学现象；结合个人实际情况，从膳食宝塔中食物类别和数量关系的角度综合设计食谱。	学生的课堂展示汇报、课堂观察

重要的评价工具

1. “体外模拟消化探究实验”学生活动任务单

探究唾液对食物的消化作用

1. 实验用具：40 mL 烧杯、试管、巴氏滴管、试管夹、水浴锅

2. 实验材料：唾液、玉米淀粉溶液、花生油、鸡蛋清、清水、碘液、双缩脲试剂、胆汁

3. 实验方法、步骤：

（1）提出问题：____________________

（2）做出假设：____________________

（3）设计并完成实验：

① 收集唾液 6—8 mL。

② 用玻璃棒蘸取胆汁，点在 pH 试纸的一端，测量胆汁的酸碱度为__________。

续表

③ 取 6 支干燥、洁净的试管，分别编号为 1—6 号，按下表的说明进行处理，并观察和记录实验结果。

处理方法	试管编号					
	1	2	3	4	5	6
玉米淀粉溶液/mL	2	2	—	—	—	—
花生油/mL	—	—	1	1	—	—
鸡蛋清/mL	—	—	—	—	1	1
清水/mL	—	2	—	2	—	2
唾液/mL	2	—	2	—	2	—
相同温度下静置 10 分钟	37 ℃水浴	37 ℃水浴	37 ℃水浴	37 ℃水浴	37 ℃水浴	37 ℃水浴
冷却后滴加碘液/滴	3	3	—	—	—	—
冷却后滴加双缩脲试剂/mL	—	—	—	—	1	1
实验现象						

④ 分析实验结果：

a. 向 1、2 号试管中滴加碘液的目的是________________。比较这两支试管中的现象，可以得出的结论是________________________。

b. 花生油的主要成分是____________。比较 3、4 号试管中的现象，可以得出的结论是________________________。

c. 鸡蛋清的主要成分是________________。比较 5、6 号试管中的现象，可以得出的结论是________________________。

4. 在经过本节课的学习后，请你对自己的实验结论进行补充。

原有的实验结论：________________________。

完善后的实验结论：________________________。

2. “营养物质的吸收”学生活动任务单

第4课时　营养物质的吸收

一、观察鸡的小肠

1. 轻轻振荡培养皿，先用肉眼观察小肠内表面的环形皱襞。

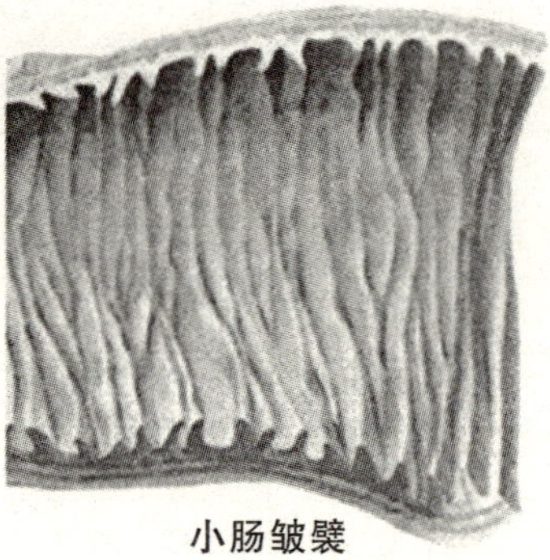

小肠皱襞

2. 完成以下观察任务，并用简单的语言描述观察结果或感受。

材料	操作	观察结果或感受（小肠结构特点）
小肠外表面	用放大镜观察	
	用手轻触	
小肠内表面	用放大镜观察	
	用手轻触	

3. 观察小肠绒毛示意图，将资料补充完整。

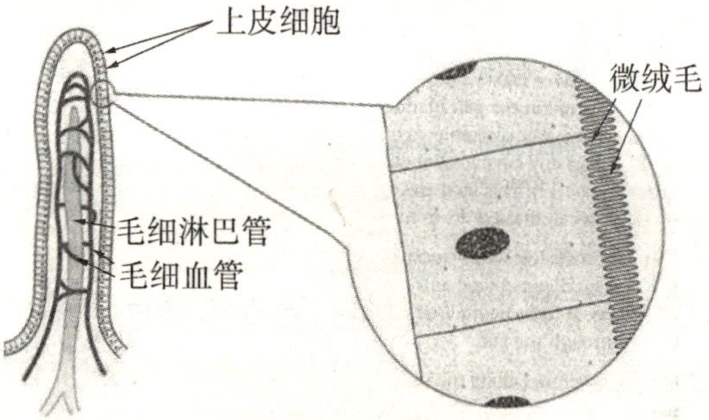

小肠绒毛示意图

续表

肠壁内表面有许多环形皱襞，皱襞表面向肠腔内形成许多绒毛状的突起——（　　）。小肠绒毛壁由（　　）层上皮细胞构成，内部分布有（　　）和（　　），并且毛细血管壁和毛细淋巴管壁也都由一层上皮细胞构成。 **二、总结** 1. 请标出人体的吸收部位，以及该部位所吸收营养物质的种类。 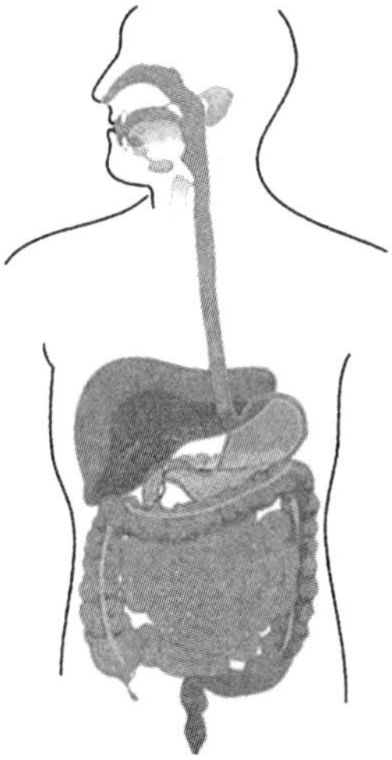 2. 结合小肠结构特点，用完整的语言解释说明：小肠是吸收营养物质的主要器官。 3. 葡萄糖、氨基酸、甘油、脂肪酸以及水、无机盐、维生素等（　　）通过（　　）进入（　　）的过程，称为吸收。

教师反思

“营养物质的消化与吸收”主题涵盖了很多微观、抽象的生物学概念，例如食物中含有六类营养物质，对人体健康都有着重要的作用。食物中的淀粉、脂肪、蛋白质等大分子物质需要经过消化作用成为葡萄糖、甘油和脂肪酸、氨基酸等小分子物质才能被人体吸收，为生命活动提供物质和能量。因此，为帮助学生构建对概念的理解，本单元学习主题基于深度学习理论，设计了很多学习活动，其中包括评价与设计营养合理的午餐食谱、探究不同消化液对食物的消化作用、观察鸡小肠等，以帮助学生能够在有丰富的感性经验的基础上理解较为抽象的知识。在完成实验的过程中，学生参与度较好，积极性高，基本能够达到预期的实验效果，并且能够围绕实验过程和实验结果展开讨论和交流。

图 4–2　学生记录胆汁对脂肪乳化作用的实验结果

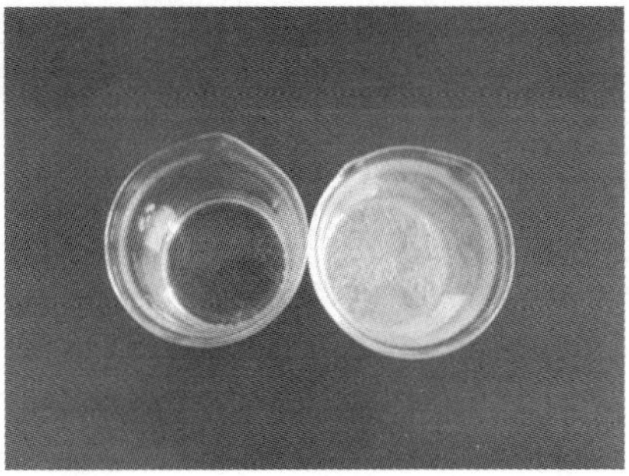

图 4–3　胆汁对脂肪乳化作用的实验结果

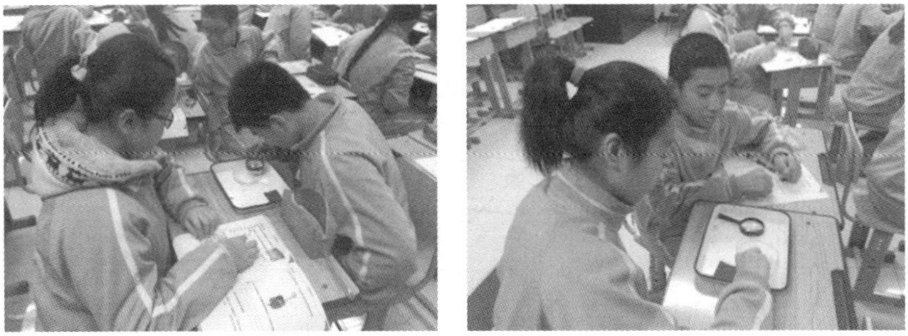

图 4–4　学生观察鸡小肠的结构特点

1. 充分了解学生前概念是厘清教学内容逻辑顺序的基础

吃饭是我们生活中每天都在进行的生命活动。因此，学生对于营养物质的消化与吸收有较丰富的生活体验。在上课前，学生的脑海中也已存在许多前概念。因此，在进行教学设计时，了解学生的前概念是十分必要的。如果不了解学生的前概念、知识储备情况和生活经验，势必会影响教学逻辑思路的梳理。在本单元学习主题教学过程中，也暴露出学生的许多前概念。从大体上来看，其中一部分前概念虽然浅显，但是对学生学习新知识的影响并不大；同时，也有相当一部分前概念与科学概念相违背，而这一部分前概念扎根在学生的思维当中，难于转变，会对学生习得科学概念有一定的阻碍。

表 4-3 学生关于“营养物质的消化与吸收”的前概念

课时	教学内容	前概念
第 1 课时	营养物质的结构	①脂肪能够储存能量。 ②跑步的过程/大脑的运作中会消耗身体里的糖分。 ③物质和能量是一回事。 ④晒干的小麦中不含水分。 ⑤小麦燃烧的部分是水。 ⑥碘酒和碘液是一样的。
	营养物质的功能	①鸡蛋、肉类、豆浆、牛奶富含蛋白质。 ②骨是支撑器官（骨具有支撑作用）。
第 2 课时	合理膳食和食品安全	①粗粮就是粗纤维，可以提供能量。 ②水可以提供能量。 ③血糖指的是我们摄入的糖类。 ④碳酸饮料可能导致龋齿，引起血糖高、糖尿病，造成钙的流失。
	消化系统的组成	①胰岛和胰腺是同一结构。 ②大肠在小肠的前面。

续表

课时	教学内容	前概念
第 3 课时	食物的消化	①有机物需要消化，因为它包含在食物当中，而食物需要消化。 ②口腔当中的唾液腺分泌的唾液可以帮助消化食物。 ③舌头能将食物送进胃里。 ④唾液能够使食物变得湿润。 ⑤大肠具有消化食物的作用。
第 4 课时	营养物质的吸收	消化和吸收是同一生理过程。

2. 分组实验的教学效果优于演示实验

为给学生提供丰富、直观的感性体验，实验组教学在第 1 课时运用了演示实验（检验食物中的营养物质），在第 3 课时运用了分组实验（探究不同消化液对食物的消化作用），在第 4 课时运用了演示实验（探究淀粉和葡萄糖的不同透过性）和分组实验（观察鸡小肠）。其中，从学生参与度和学习兴趣来看，分组实验的教学效果要优于演示实验。

由于进行实验所需时间较长，“探究不同消化液对食物的消化作用”实验是在课前不同时段分组进行的，并且每组实验的探究任务并不完全相同。本次分组实验的优点在于，在完成实验的过程中，老师能够对每个小组进行有针对性的指导。例如，操作实验仪器的规范性纠正、对实验现象的观察和描述，以及实验现象的分析等环节。并且实验小组分工明确也提高了每个人的参与度。从课上汇报表现来看，学生确实对于自己小组所完成的实验比较了解，但是由于本节课未对学生听取汇报的效果进行评价，所以并不清楚每一小组的汇报是否对于每个学生来说都是有效的。因此如果课时条件允许，在采取小组汇报时，可以鼓励学生对自己小组的汇报内容进行补充，并且对其他小组的汇报进行提问或提出质疑。

3. 学生科学解释能力的培养

在本单元学习主题的教学中，科学解释属于实践应用能力要素。在生物学课堂上，科学解释是指在特定情境或现象中（一般为生活中常见且具体的科学现象），学生对生物学理论准确且规范的应用，是对“为什么”和“怎么样”问题的回答。良好的科学解释能力标准包括两方面：第一，学生在解释某一科学现象时是否能够准确地使用科学概念；第二，在这一过程中所体现出的学生思维逻辑的严谨性，即表述当中是否具有基于证据的因果关系。培养学生科学解释能力的意义在于，让学生更好地理解科学概念和观点，并能够运用这些知识解决生活中遇到的问题。

“营养物质的消化与吸收”这一部分学习内容本身与学生生活实际的关系比较密切，教学中的大部分内容都可以渗透培养学生的科学解释能力。从上课的情况来看，科学解释能力对于七年级上半学期的学生来说是教学难点。究其原因，首先是学生缺乏相关的科学概念；在为学生提供必要的概念或信息后，通常情况下，学生在进行科学解释的过程中会缺少基于证据的因果关系（又可分为两种情况：表述不完整或是因果关系混乱）。其主要原因可能在于：①学生没能厘清概念与概念之间、概念与现象之间的关系；②尚未养成科学、严谨的思维习惯；③受语言表达能力所限。但不可否认，有少部分学生在进行科学解释时表现良好，显然优于其他同伴。这说明在科学解释能力上，学生之间确实存在差异性。

综上分析，培养学生的科学解释能力是十分必要的，但是这一能力目标的达成需要一个持久的过程。

附件

第3课时教学流程

第3课时		
学习目标	1. 通过探究消化液（唾液、胃液、胆汁、肠液）对食物的消化作用，对实验结果进行观察和分析，初步学会根据证据得出结论，并进一步阐明发生在口、胃、小肠中的消化过程。 2. 通过对消化器官结构的比较，阐明食物消化的主要场所是小肠，概述消化的概念，初步形成结构与功能观。 3. 运用“消化系统”的重要概念解释生活中常见的相关现象和问题。 4. 运用结构与功能观，指导形成保护消化系统健康的生活习惯。	
教学环节	**学习活动**	**评价要点**
环节1：导入	**复习消化系统的组成，引入新课。** 问题1：我们摄取食物后，在消化系统内对食物进行消化和吸收，消化系统分为哪几部分？这一生理过程发生在哪些具体的结构中？ 学生：消化系统主要包括口腔、咽、食管、胃、小肠、大肠、肛门。消化和吸收主要在胃中进行。	关注学生是否能够准确地描述消化系统的主要结构，以及对各部分结构的理解。
环节2：探究发生在人体内食物的消化过程	**学生通过实验探究消化液对食物的消化作用，认识到特定的消化液可以消化特定的营养物质。** 问题2：一种消化液是否能够消化所有的营养物质？不同的消化液是否能够消化同种营养物质？ 在教师引导和学生活动任务单的辅助下，学生以小组为单位设计和实施研究方案，并补充完善活动任务单中相应的内容。 学生：根据实验结果可以看出，一种消化液只能消化某一类营养物质。	关注学生对特定消化液的认识，以及根据学生的活动任务单判断学生是否能够设计合理的研究方案，客观地观察和记录实验现象和结果，并依据实验结果，通过推理，得出合理的结论。

续表

教学环节	学习活动	评价要点
环节 3：构建消化的概念	**引入“大分子物质”和“小分子物质”的概念，学生以小组为单位归纳总结“消化”的概念**。 问题 3：根据上面的实验结果，你认为什么叫作消化呢？ 学生：经过小组讨论，认为消化是指大分子营养物质在消化液的作用下，在特定的环境条件下，被分解为小分子物质的过程。	关注学生是否积极参与小组讨论，评价其小组合作与表达能力，尤其是运用科学术语规范和准确地表述生物学概念的能力。
环节 4：探究消化的主要部位	**通过观察、比较不同消化器官的结构，特别是针对小肠的结构特点，归纳出“小肠是消化的主要部位”**。 问题 4：根据消化系统各部分结构的特点，你认为消化的主要部位是哪个部位？ 学生：根据不同消化器官的结构特点，以及不同结构所分泌的消化液的类型和数量，可以判断食物消化的主要部位是小肠。	关注学生是否能够基于不同消化器官所分泌消化液的类型和数量分析营养物质消化的主要部位，即是否能够从结构与功能相适应的角度分析问题。

板书设计

食物的消化

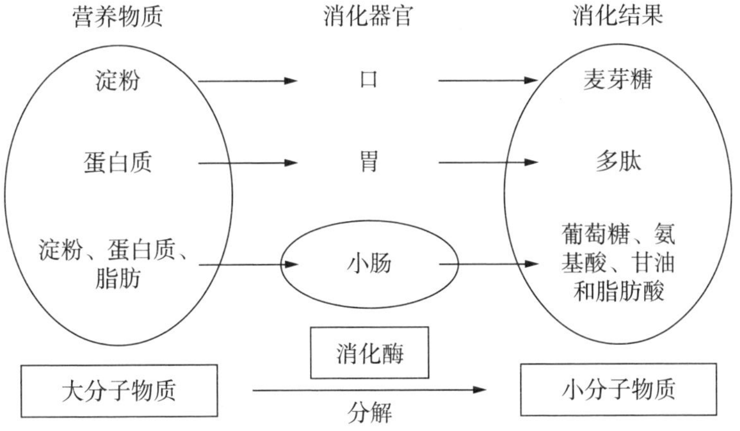

作业设计

（1）在学习本节课后，优化学生活动任务单，完善实验结论。要求使用科学术语完整地表述研究结论。

（2）某同学因没吃早饭而感到头晕，四肢无力（低血糖）。你认为吃哪种食物能使他尽快恢复？请说明理由。

案例二

解密腐烂现象

教科书版本：人教版教材

授课年级：八年级

单元总课时：5 课时

设计者：胡　彬①　王海芳②　张　宇③

执教者：胡　彬　王海芳　张　宇

单元学习主题

1. 主题名称

解密腐烂现象。

2. 主题的解读

（1）主题确定的依据。

在《义务教育生物学课程标准（2011 年版）》中，与细菌、真菌等内容相关的重要概念主要分布在“生物与环境”“生物的多样性”和“生物技术”三个一级主题中。

在“生物与环境”主题中，学生应学会的相关重要概念包括：

- 一个生态系统包括一定区域内所有的植物、动物、微生物以及非生物环境。
- 依据生物在生态系统中的不同作用，一般可分为生产者、

①②③工作单位为北京市海淀区教师进修学校附属实验学校。

消费者和分解者。

- 生产者通过光合作用把太阳能（光能）转化为化学能，然后通过食物链（网）传递给消费者、分解者，在这个过程中进行着物质循环和能量流动。

在“生物的多样性”主题中，学生应学会的相关重要概念包括：

- 不同类群的生物各有其特征，在生物圈中具有不同的作用，保护生物的多样性极为重要。

在“生物技术”主题中，学生应学会的相关重要概念包括：

- 微生物通常包括病毒、细菌、真菌等类群。
- 发酵技术利用了微生物的特性，通过一定的操作过程生产相应的产品。

在与细菌和真菌的生活有关的现象中，最常见的一种现象是“腐烂”。从细菌和真菌在生态系统中的角色来看，它们是分解者，可以导致腐烂现象。从本质上来看，它们通过呼吸作用分解有机物，从中获得能量，实现自身的生长和增殖，从而产生腐烂现象。在生产和生活中，人们通过控制和利用它们的这一特性，达到食品保鲜或者获得特定产品的目的，从而更好地利用细菌和真菌，为人类生活提供服务。

在人教版的生物学教科书中，相关内容主要编排在七年级上册“了解生物圈”和八年级上册第四章“细菌和真菌”中。从内容的关联性上来看，可以将单元教学内容进行重构与整合为两个方面：细菌和真菌在自然界分布广泛，形态微小，繁殖迅速，通过分解现成的有机物生活，参与生物圈的物质循环；在细菌和真菌生活的过程中，对生物圈中其他生物以及人类的生活产生了重要影响。

在教学中，以这些内容作为学习的载体，以腐烂现象为主线，帮助学生从宏观到微观，深入探究腐烂现象的本质，既能调动学生的学习积极性，又符合学生的认知和学习规律，有助于帮助他们理解课程标准中相应的重要概念。

之所以以“解密腐烂现象”作为单元学习主题，一方面是因为腐烂现象是生活中的常见现象，对学生具有一定的吸引力，学生对造成这一现象的本质不够清楚，因此，探讨造成腐烂的原因能够激发学生的好奇心，同时这一任务也具有一定的挑战性；另一方面，是因为要解密腐烂现象，需要学生综合运用微生物类群、营养类型等方面的知识，具有一定的综合性，有利于学生在不同的生物学概念之间建立关联，从而更好地帮助其学以致用，解决实际问题。

（2）主题确定与核心素养间的关系。

针对本单元学习主题的教学内容，细菌和真菌的形态、结构、营养方式、繁殖方式等是基本的生物学概念，是学生理解产生腐烂现象的原因的概念基础。

针对腐烂这一生活中常见的宏观现象，需要学生通过探究活动，了解细菌和真菌的生活需要一定的外界环境条件，这个探究的过程体现了生物科学探究从宏观到微观、从现象到本质的发展过程。在探究腐烂现象的过程中，学生运用显微镜观察、微生物取样培养等科学方法，按照探究实验的一般程序，通过对实验结果的分析，推理得出引起腐烂现象的内因和外因。在这个过程中，学生设计和执行科学探究方案的能力得到一定程度的提升，同时其根据研究结果推理得出结论的科学思维也得以发展。

在探究腐烂现象本质的过程中，学生还可以利用习得的知识和方法进行生产实践。如制作酸奶、腐乳；进行发酵；贮藏食物；等等。从而从有害和有利两个方面认识到微生物与人类生活的关系，有助于其将来充分地利用微生物为人类生活服务，这可以增强他们的社会责任意识。

单元学习目标

1. 目标确定

（1）本单元学习主题教学内容的地位、作用。

本单元学习主题教学内容是人教版八年级上册第五单元“生物圈中的其他生物”第四章的教学内容，该内容主要涉及细菌和真菌的主要特征、细菌和真菌与人类生活的关系、细菌和真菌在生态系统中的作用、日常生活中的生物技术。

教学内容按照“宏观—微观—宏观”的顺序安排，学生可以感知细菌和真菌的存在，探究它们的分布，并深入认识细菌和真菌在形态、结构和生殖等方面的特点，且关注细菌和真菌在自然界中的作用、人类对细菌和真菌的利用。在学习活动中，学生还可以学习培养细菌和真菌的一般方法，为今后学习生物技术奠定基础。

此外，这部分内容的学习有助于学生从系统的角度认识不同生物在生态系统中的角色和作用，从而在生物圈中的绿色植物、生物圈中的动物，以及本单元学习主题内容之间建立关联，有助于学生深入理解“系统”这一跨学科概念。

（2）本单元学习主题教学内容在发展学科核心素养方面的作用。

本单元学习主题教学内容始终围绕能激发学生深入理解的日常生活中的腐烂现象进行科学探究，探究的过程就是学生树立科学观念的过程。而且探究的主要问题来源于学生的疑问，能激发学生内心的向学性。围绕问题，依照学生的认知规律进行有层级的学习活动，让学生通过完成活动进而完成对问题的思考与探究，对学生科学思维能力的提升有一定的帮助；学生通过完成探究活动完整地体验了科学探究的过程。此外，学生在利用腐烂现象的原理制作相关食品的过程中，初步建立社会责任感。

（3）学生分析。

在对学生进行分析时，主要是围绕学生的生活经验、已有知识等方面，从生物学科核心素养的角度进行了分析。

学生从生活中知道各种腐烂现象与细菌、真菌有关，但并不清楚细菌和真菌为什么能够引起腐烂。具体来说，学生能够说出各种腐烂食物或物品上有细菌和真菌，但并不理解是细菌和真菌广泛分布使其有更多的机会接触有机物，不理解细菌和真菌个体微小，能快速繁殖，引起有机物快速分解，与其结构有关，是自然界物质腐烂的重要原因。

学生已经具备一定的联系生活经验的能力，但是缺少建构系统的意识，即不能将细菌和真菌与生物圈建立系统联系。学生能够熟练使用显微镜，但在面对现实生活中的问题时，利用临时装片、显微观察、微生物学相关知识等研究自然界、解决实际问题的能力相对薄弱，且在制作细菌和真菌临时装片方面也还存在一定的困难。此外，从研究结果中选择特定的证据进行科学推理的能力也有待提高。

在本单元学习主题内容的教学之前，我们对学生学习的需求进行了调查，学生探究的欲望主要集中在以下方面：为什么会腐烂？什么情况下会发生腐烂？腐烂有什么意义？这也是学情分析的一项重要工作，为学习目标和学习活动的设计奠定了基础。

学生对细菌和真菌在自然界中作用的认识，主要是关注到其对人类的负面影响，而对细菌和真菌在医药、能源开发和环保等诸多方面为提高人类生活质量而发挥的积极作用则关注甚少，不能全面地理解腐烂的意义在于参与和促进自然界的物质循环过程。

2. 学习目标

根据上述分析，确定本单元学习目标如下：

（a）通过分析日常生活中与腐烂现象类似的实例，认识到其根本原理是细菌和真菌分解有机物进行生长和繁殖。（生命观念）

（b）通过动手实验培养细菌和真菌菌落，并在显微镜下观察细菌和真菌的形态和大小，结合相关结构或繁殖的图片和视频，初步学会科学地观察和描述生物学现象，说出细菌和真菌的形态和结构特征。(科学探究、生命观念)

（c）设计对照实验，探究不同环境条件下细菌和真菌的繁殖情况，根据实验结果推理得出产生腐烂现象需要适宜的温度和水分等外界条件这一结论。(科学探究、科学思维)

（d）通过实例分析、探究活动等，从内因和外因两个方面综合阐述引起腐烂现象的原因。(科学思维)

（e）通过实例分析，认识到细菌和真菌等微生物是生态系统中不可或缺的一个重要组成部分，承担分解者的角色，可维持生物圈的生态平衡。进一步从有害和有利两个方面辩证和系统地阐述细菌和真菌在生物圈中的作用。认识到根据细菌和真菌的某些特性，对其进行选择性地利用，可以为人类服务，提高生活质量。(生命观念、社会责任)

单元学习活动

在学习活动设计方面，本单元学习主题共需要 5 课时来完成。从宏观的腐烂现象入手，然后从微观本质的层面分析产生腐烂现象的内因和外因，再探讨腐烂现象的意义，进而从生产生活应用的角度体验对腐烂现象的合理应用。本单元 5 个课时的学习活动框架如图 4-5 所示。

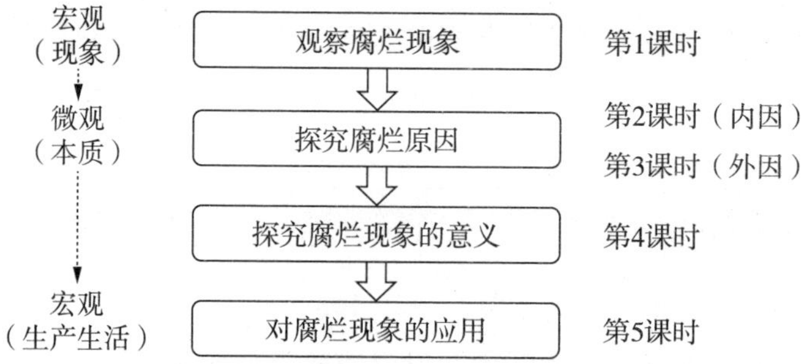

图 4-5 “解密腐烂现象”单元学习主题的学习活动框架

第 1 课时，主要从宏观层面上认识生活中常见的腐烂现象，然后从生活经验的角度初步分析腐烂现象可能与细菌或真菌有关，进而从腐烂的食物中取样，进行微生物培养。

第 2 课时，首先观察学生自己培养的细菌和真菌菌落，从菌落的层面上认识这两类微生物，然后再通过显微镜观察和教师的图片展示，认识两类微生物的大小、形态、结构等。接着分析其繁殖方式，并指出这两类微生物的生长和繁殖都需要营养物质，由于它们不能自己制造有机物，所以需要消耗外界环境中的有机物，这也是造成腐烂现象的内在原因。

第 3 课时，主要从外因的方面，引导学生通过探究活动了解湿度、温度等对细菌和真菌繁殖速度的影响，从而根据实验结果推理得出适宜的温度和湿度是产生腐烂现象的重要环境条件这一结论。

第 4 课时，学生课前查阅有关细菌和真菌在自然界中作用的资料，课上围绕这一话题进行交流讨论，从生态系统的层面理解它们扮演着分解者的角色。然后再讨论如何对细菌和真菌加以利用，从而更好地为人类生活提供服务，形成初步的利用方案。

第 5 课时，学生根据第 4 课时提出的对细菌和真菌的利用方案，尝试利用发酵原理制作一种食物或饮品，并进行汇报和展示，进一步体验微生物对人类生活的价值和作用。

本单元学习主题每个课时的具体学习目标、学习内容、学习活动和学习资源的整体安排如下。

表 4-4　本单元学习主题每个课时的整体安排

课时	学习目标	学习内容	学习活动	学习资源
1	列举生活中常见的腐烂现象。 初步学会细菌和真菌的实验室培养操作技术。	培养微生物。	从腐烂的食物中取样，进行微生物培养。	生活中常见的腐烂现象的图片，如发霉的馒头或面包，变馊的剩饭菜等 培养细菌和真菌的无菌操作视频及相关器材

续表

课时	学习目标	学习内容	学习活动	学习资源
2	描述细菌和真菌的形态和结构特征。 说出细菌和真菌的繁殖方式。 说出腐烂的发生主要是因为细菌和真菌在生长繁殖的过程中分解了有机物。	细菌和真菌的形态、结构和繁殖方式。	观察和描述细菌和真菌的菌落。 利用显微观察细菌和真菌的形态和结构特征。 利用细菌和真菌的繁殖方式的知识，解释细菌和真菌引起的腐烂的过程。	学生在第1课时培养的微生物菌落 细菌和真菌形态、结构、菌落的相关图片 细菌和真菌繁殖的影像资料 食物腐烂过程的快放视频
3	概述腐烂现象发生的外界环境条件。 通过探究细菌和真菌在不同外界环境条件下的繁殖情况，初步学会设计对照实验，并基于实验结果进行推理，得出实验结论。	细菌和真菌的生长和繁殖除需要营养物质外，还需要一定的环境条件。	设计对照实验，探究不同温度、含水量等环境条件下细菌和真菌的繁殖情况，分析发生腐烂现象所需要的环境条件。	培养细菌和真菌的相关实验器具和材料
4	认识到细菌和真菌在生物圈中扮演分解者的角色，对人类生活既有有害的一面，也有有利的一面。	细菌和真菌在生物圈中作为分解者参与自然界中的物质循环。	通过资料分析，从生态系统的层面上分析腐烂现象的生物学意义，进而提出对腐烂现象的应用方案。	学生课前搜集的关于细菌和真菌在生物圈中作用的实例等图文资料

续表

课时	学习目标	学习内容	学习活动	学习资源
5	熟练使用相关的器具，尝试制作一种发酵食物或饮品。	人类对细菌和真菌的利用。	在课外利用发酵原理制作一种食物或饮品，在课上进行汇报和展示。	根据学生所确定的发酵食品自行选择相应的材料或器具 学生制作发酵食物的过程、结果等方面的照片、实物或视频

持续性评价

本单元学习主题的持续性评价主要包括四个方面。分别从对腐烂现象本质的认识、科学探究方案的设计、细菌和真菌在生态系统中的作用、应用相关知识制作特定产品等方面开展持续性的评价。

表 4–5　本单元学习主题的持续性评价方案

序号	评价目标	评价任务	评价标准	评价方式
1	从细菌和真菌分解有机物用于增殖的角度阐释腐烂现象产生的内因。	关注学生在学完细菌和真菌的增殖后，是否能够从其分解有机物进行增殖的角度阐述腐烂的内因。	（1）仅笼统地说出腐烂现象与微生物有关。 （2）能够说出腐烂现象与微生物分解有机物进行增殖有关。	课堂观察
2	控制单一变量，设计对照实验探究腐烂现象发生的外部环境条件。	关注学生在设计探究方案时，是否考虑到控制单一变量或设置对照实验，从而探究腐烂发生需要的环境条件。	（1）设计实验方案时，未考虑到控制单一变量，或未设置对照实验。 （2）设计研究方案时，考虑到控制单一变量和设置对照实验。	学生填写的研究方案工作单

续表

序号	评价目标	评价任务	评价标准	评价方式
3	从内因和外因两个方面阐释腐烂现象产生的原因。	关注学生在课堂小结阶段汇报腐烂产生的原因时，是否准确地从内因和外因两个方面进行分析。	(1) 只是谈及腐烂现象与微生物有关。 (2) 从内因和外因中的一个方面阐释产生腐烂现象的原因。 (3) 从内因和外因两方面阐释产生腐烂现象的原因。	课堂观察
4	从生态系统的层面系统地阐述细菌和真菌在生物圈中的重要作用。	关注学生在课上填写学习任务单时，对细菌和真菌在生物圈中作用的观点是否包含了有害和有利两方面，以及是否从生态系统的层面进行分析等。	(1) 从细菌和真菌对人类危害的角度阐明观点。 (2) 从细菌和真菌对人类有利和有害两个方面阐明观点。 (3) 在生态系统的层面，从有害和有利两个方面辩证、系统地看待细菌和真菌在生物圈中的作用。	课堂观察；学生填写的学习任务单
5	从细菌和真菌所需的生存条件、发酵原理等方面设计发酵食物的制作，并进行汇报。	关注学生制作发酵食物时填写的制作方案学习任务单中是否考虑到了细菌和真菌的生存条件，以及是否考虑到了发酵的原理。在课堂汇报时，也重点关注学生在上述方面的表现。	(1) 设计制作方案时，没有应用关于细菌和真菌生存条件和发酵原理的任何知识。 (2) 仅从细菌和真菌生存条件、发酵原理中的一个方面进行制作方案的设计。 (3) 能够综合考虑细菌和真菌的生存条件、发酵原理等知识，设计制作方案。	发酵食物制作方案的学习任务单；学生的课堂汇报展示

重要的评价工具

“探究细菌和真菌在不同外界环境条件下的繁殖速度”学生活动任务单

一、研究问题

温度是如何影响酵母菌的繁殖速度的？

二、研究假设

我们小组做出的假设是______________________________，依据是____。

三、研究方案

1. 研究中需要控制的单一变量是________________________。

2. 研究的因变量是酵母菌的繁殖速度，可以用其代谢产生的二氧化碳的体积来表示。

3. 研究方案。

第一步，选择 5 个如下图所示的自封袋，标号依次为 A、B、C、D、E，分别装入等量的 2 g 白糖、20 mL 清水和____________。

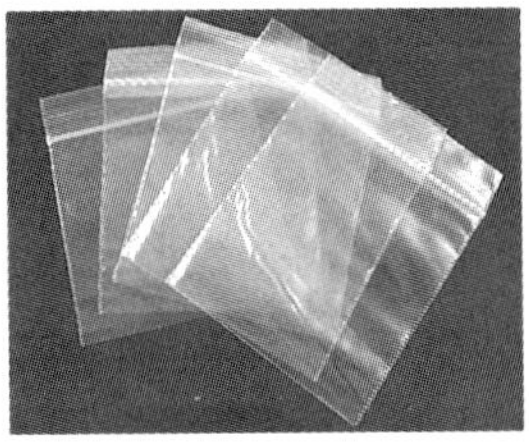

第二步，将五个自封袋分别置于不同的条件下，A ________、B ________、C ________、D ________、E ________。

第三步，20 分钟后，测量和记录每个自封袋内产生的二氧化碳气体体积，记录在下表中。

自封袋编号	A	B	C	D	E
产生的二氧化碳体积（mL）					

四、研究结论

根据研究结果，得出的结论是__________________________。

教师反思

1. 对深度学习的整体认识

本单元学习主题的设计是教师打破常规教学思路进行整合设计的结果。要做到这一点，教师教学观念的转变至关重要，要以学生的学习和认知发展规律作为依据，帮助学生在习得知识的同时，学会应用知识解决问题，这样才有可能将教师的教学理念和优秀的教学设计转化为学生的深度学习。在此过程中，学生是真正的学习主体，学习活动是帮助他们实现深度学习的载体，让学生在学习中有效地掌握核心概念和思想方法，以逐步地发展其生物学科核心素养，使其终身受益。

2. 单元学习主题确定

单元学习主题从生活现象和学生问题中抽提产生，深入学生的生活和思维，因此是课内与课外的有机统一。本单元的单元学习主题能引发学生的深度参与。

- 基于课程标准对重要概念理解的要求，结合生活中与细菌和真菌有关的各种现象，如食物变质、尸体腐烂、酿酒等，这些都是细菌和真菌的活动引起的。
- 关于腐烂现象，学生提出很多相关的问题，经过统计，发现学生的问题集中在以下几点：为什么会腐烂？什么情况下发生腐烂？腐烂有什么意义？这些从腐烂话题中产生的问题就是本单元课堂上学生通过深度学习要解决的问题。学生的思维在自己提出的问题中深入延展。
- 在教学中，腐烂话题贯穿整个单元，揪着问题——细菌和真菌的结构特点和其引起腐烂有什么关系，引导学生不断思考重要概念，以及加深学生对这些概念的理解。

基于以上课程标准内容分析、学生的学习兴趣所在，以及内容的教育价值，最终确定本单元的学习主题：解密腐烂现象。

3. 学习目标设定

从知识、能力、情感态度与价值观方面进行分析，从生物学科核心素养的视角确定本单元的学习目标。与以往教学的不同之处在于：

- 对本单元的知识进行了重新整合，突破教材的限制，加深本单元核心概念的理解，细节弱化，知识弱化，突出细菌和真菌的形态结构特点决定其在生物圈中的分解者的作用这一原理，以及其对其他生物产生影响。
- 从生命观念、科学思维、科学探究和社会责任四个素养维度设定学习目标，既有活动载体，又有素养指向，因此，学习目标的设定是有深度的。

4. 学习活动设计与实施

学习活动能够激发学生的思维，本单元的活动在思维目标的引领下产生并实施，尤其强调在活动中发展思维能力。在问题的贯穿和引领下，学生借助探究技能分析生活中的腐烂现象，探究其本质。

学生用肉眼和显微镜观察装片，进行对比，从宏观、微观两个层面观察和认识微生物。学生自己动手制作装片进行观察学习，并与科学家制作的永久装片观察结果进行对比，实现对微生物形态结构从初步感知到准确把握。学生通过绘图展示其对细菌和真菌与腐烂关系的理解，实现用抽象的科学概念直观地解释生物学现象的操作。

此外，学生根据所学的知识，尝试制作一种发酵食物或饮品，从而实现从现象到本质，再到生活应用的转化，促进学生学科核心素养的协同发展。

例如，在探究不同环境条件下细菌和真菌的繁殖情况时，学生需要首先设计研究方案，在这一活动中，学生需要发展控制单一变量和设置对照实验的思想。通过教学活动，从学生的学习任务单可以反映出他们已经掌握了这一基本思想。

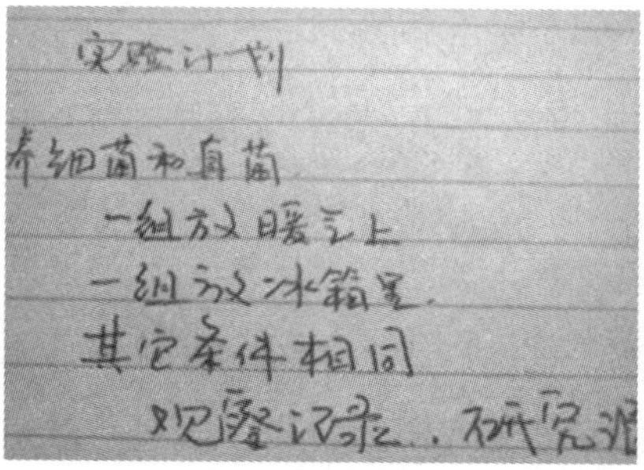

图 4-6　“探究不同环境条件下细菌和真菌的繁殖情况”学习任务单案例 1

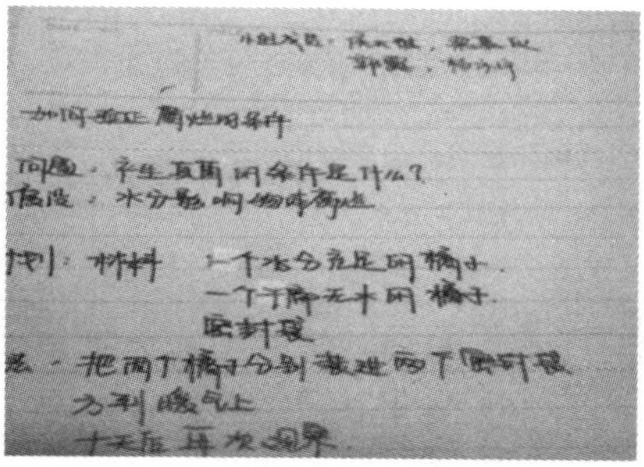

图 4-7　“探究不同环境条件下细菌和真菌的繁殖情况”学习任务单案例 2

在第一个任务单（图 4-6）中，学生在设计方案时考虑到了温度这一自变量，一组放在暖气上，另一组放在冰箱里，而其他条件相同，反映出这个学生已经有了对照和控制单一变量的思想。在第二个任务单（图 4-7）中，学生也同样关注到水分这一变量。由此可以看出，学生在科学探究这一素养水平上，达成了相应的学习目标。

5. 持续性评价的设计与实施

本单元特别关注对学生的持续性评价。学习过程中，教师一直关注、鼓励、评价着学生。评价形式也非常多样。非正式评价主要依据课前准备结果、课堂观察、同学之间的互相评价和回应等，正式的评价主要依据学生在课堂上或课后完成的学习任务单等。多样的学习方式和评价方式，兼顾到了各种学习特点的学生，使每个水平的学生都能够得到一定程度的提高。

在以后的单元设计中，希望评价方案能够关注到更多的学生，并设计出贯穿单元始终的评估活动，而不仅仅是零碎的、片段的评价过程。

附件

第2课时教学流程

第2课时		
学习目标	• 描述细菌和真菌的形态和结构特征。 • 说出细菌和真菌的繁殖方式。 • 说出腐烂的发生主要是因为细菌和真菌在生长繁殖的过程中分解了有机物。	
教学环节	**学习活动**	**评价要点**
环节1：导入	**从生活经验引入，引导学生思考腐烂的本质**。 问题1：食物为什么会腐烂？依据自己的生活经验，尝试做出假设。 学生回答：可能与发霉有关，也可能与细菌有关。	通过学生的回答，探查学生对微生物与腐烂之间关系的认识。
环节2：认识细菌和真菌的形态结构	**通过观察菌落和用显微镜观察细菌和真菌，认识细菌和真菌的特征**。 问题2：细菌和真菌具有哪些形态结构上的特征？ 学生观察自己培养的菌落，用显微镜观察细菌和真菌装片，描述细菌和真菌的形态特征。 学生观察细菌和真菌细胞结构的图片，认识其结构特征。	关注学生是否能够熟练和规范地使用放大镜、显微镜等实验器具进行观察，同时关注学生是否能够通过文字、绘图等多种方式客观地描述和记录观察结果。
环节3：分析发生腐烂的内在原因	**结合细菌和真菌的结构特征，观看视频，认识腐烂的内在原因**。 问题3：细菌和真菌的哪些特性能使其引起食物的腐烂？ 学生通过绘图的方式展示其对食物腐烂过程的理解，然后结合教师提供的微生物繁殖的影像资料和食物腐烂快放的视频，总结细菌和真菌能够引起食物腐烂的特性。	关注学生在总结发生腐烂的原因时，是否从细菌和真菌的特点方面综合地解释发生腐烂现象的内在原因。

续表

教学环节	学习活动	评价要点
环节 3：分析发生腐烂的内在原因	a. 分布广，个体小，易扩散。 b. 繁殖快，吸收大量营养。 基于以上活动，学生总结腐烂现象发生的内在原因：细菌和真菌在营养物质上生长繁殖，分解食物中的有机物，以满足自身需要。食物中的一些物质被破坏了，食物会发出臭味和酸味，失去了原有的坚韧性和弹性，颜色也会发生变化，食物就腐烂了，现象多样。	

板书设计

探究腐烂现象

一、细菌的结构

1. 形态：球菌、杆菌和螺旋菌。
2. 结构：无成形的细胞核。

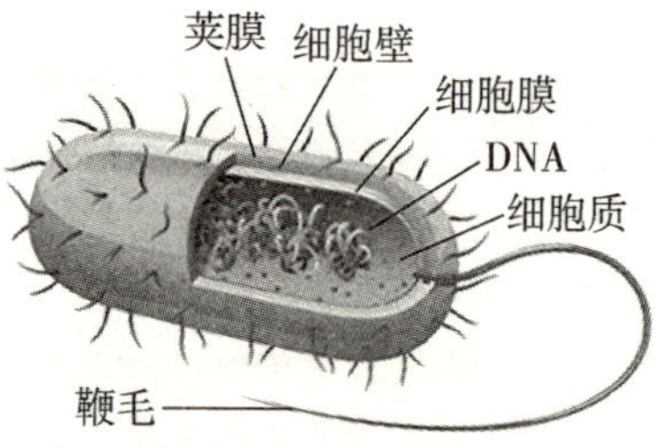

二、细菌的生殖

进行分裂生殖。

三、引起腐烂现象的细菌特性

a. 分布广，个体小，易扩散。

b. 繁殖快，吸收大量营养。

作业设计

课时	作业	内容
1	课堂实验操作	从腐烂的食物中取样，进行微生物培养。
2	学习任务单	用文字或图示方式，记录观察到的细菌和真菌。
3	学习任务单	1. 完成探究不同外界环境条件下细菌和真菌繁殖情况的实验方案。 2. 完成关于细菌和真菌引起腐烂现象原因分析的学习任务单。

续表

课时	作业	内容
4	学习任务单	学生填写关于细菌和真菌在生物圈中作用的学习任务单，探查其是否能够从生态系统的层面上从有利和有害两个方面辩证地分析问题。
5	学习任务单	学生填写关于发酵食物制作方案的学习任务单，重点说明其中涉及哪些生物学原理和概念，即将所学知识应用于生活实际。

案例三

我来保护生物圈

教科书版本：人教版教材

授课年级：七年级

单元总课时：5课时

设计者：黄毅森①

执教者：黄毅森

单元学习主题

1. 主题名称

我来保护生物圈。

2. 主题的解读

从课程标准的角度看，本单元涉及课程标准中“科学探究”和“生物与环境”两个一级内容主题。其中“科学探究”包括“理解科学探究”和“发展科学探究能力”两个二级主题；“生物与环境”主要包括“生物的生存依赖一定的环境”“生物与环境组成生态系统”和“生物圈是人类与其他生物的共同家园”这三个二级主题。由此可见，本单元旨在帮助学生构建生物与环境相互依赖、相互影响的概念，并帮助学生初步学会科学探究的基本方法。同时，课程标准还指出教师应积极提供机会让学生亲自尝试和实践，将科学探究的内容渗透到教学活动中，在引导学生参与科学探究活动时应让学生有机会参与完

① 工作单位为广州市南沙区榄核中学。

整的探究活动，培养科学探究能力。

从教材角度来看，本单元是七年级上册乃至整个初中生物学知识的起点，是“生物圈中的绿色植物”“生物圈中的人”“生物圈中的其他生物”等单元学习的必要基础。要帮助学生构建生物圈的概念，首先要帮助学生认识到地球上所有生物与其环境是一个统一的整体。生物与环境之所以是统一的整体，是因为生物与环境之间是密不可分的。教材从个体、生态系统和生物圈三个不同层面探讨了生物与环境之间相互影响、相互依存的关系。由浅入深、从局部到整体，层层递进，按照学生的认知规律，引导学生逐步构建生态系统和生物圈的概念。本单元中的“生态因素”“生态系统”“适应”等概念作为学科本体知识，对于学生来说是较为抽象难懂的，教师应该充分利用好教材中的资源，围绕生物与环境的整体性展开教学。

从学生角度分析，学生已经在小学科学课中学习过食物链、食物网等内容，对学习本单元知识已具备一定的基础，学生结合自身的生活经验，不难理解生物与环境之间的关系。但对于生态系统的概念与组成及食物链、食物网中物质循环与能量流动的特点，学生还没有形成理性认识。教师需要从众多生活实例入手，帮助学生透过现象看本质，结合学前调查和观察、实验探究等方法来展开教学，循序渐进，帮助学生构建起整个单元的知识架构。初中生具有强烈的好奇心和活跃的思维，这些都有利于探究活动的开展，在此基础上，学生需要进一步形成规范的操作技能和初步掌握科学的实验方法。学生需要在教师的指导下，通过亲身实践体验科学探究的一般过程，掌握对照实验中单一变量的设置方法，初步形成科学探究的能力。

从学科核心素养的角度来看，学习本单元后，学生将掌握基本的科学探究方法，初步学会设计简单的对照实验，能对实验结果进行分析，并尝试透过实验现象归纳总结生命现象及规律。学生能学会交流与分享，通过小组合作学习形成团队合作的精神。能从物质与能量的角度认识生态系统各组成部分之间的关系，初步认识生态系统中的物质循环与能量流动的特点。能从生态系统的自我调节能力有限的视角，认识人类与生物圈之间的关系，理解人与自然和谐发展的意义，增强保护环境的意识，参与当地生态系统的调查与保护活动，通过行动主动向他人宣传：保护生物圈，从我做起，人人有责。

单元学习目标

1. 目标确定

学生对“生物与环境的关系”“生态系统的组成”等内容已有一定的认识，但对生态系统的物质循环和能量流动缺乏认知，对“生物与环境的关系”的认识还需要进一步加深，科学探究的方法与技能还需要进一步引导方可养成。为了更准确地把握学生的最近发展区，确定学习目标，对学生进行本单元学前调查如下。

本单元学前调查

（1）你在小学阶段做过哪些生物实验？请举例说明。

（2）你知道鼠妇这种生物吗？在哪些地方看到过？

（3）不同生物之间存在哪些关系呢？说说你的认识。

（4）以池塘里的鲫鱼为例，根据你的生活经验，谈谈影响它生活的因素有哪些。

（5）你知道生态系统包含哪些组成部分吗？请举例说明。

问题（1）主要探查学生是否具备完成对照实验的基础；问题（2）旨在引导学生关注实验对象以及引起学生进行实验探究的兴趣；问题（3）主要探查学生对“生物之间的关系”的了解程度；问题（4）探查学生对“影响生物生活的因素”是否具备足够的生活经验

与分析能力；问题（5）探查学生对生态系统的组成部分的了解程度。

从统计结果看，学生各方面的基础与能力是参差不齐的。具体表现为：

（1）只有很少一部分学生做过生物实验，大部分学生在实验探究方面缺乏经验；虽然只有一部分学生看到过鼠妇，知道鼠妇的生活环境，但这不影响也不会消减学生对实验对象及探究实验的兴趣。由于学生缺乏实验探究的经验，因此，培养学生形成控制单一变量的思想，加强科学探究能力成为本单元的重要学习目标。

（2）大部分学生可以列举生物之间捕食、竞争等关系；部分学生能分析影响鲫鱼生活的因素，如阳光、水、池塘中的水草和其他鱼类对鲫鱼生活的影响。绝大部分学生听过“生态系统”这一名词，但是只有少部分学生知道生态系统的组成部分，且往往忽略了生态系统中的非生物成分。由此可见，学生对生态系统的组成的认识不够清晰，因此，在学习生态系统的组成部分、各部分之间的关系等内容时，教师应当以学生认知为基础，为学生提供丰富的素材，通过引导学生分析各种生态系统的共同特点，从中归纳出生态系统的组成部分以及各部分之间的关系。

2. 学习目标

（1）分析对比不同实例（如针叶林与阔叶林、沙漠中的绿洲、植物向光性生长实验、蚯蚓松土、三峡大坝的建造）中包含的生物现象，归纳总结出生物与环境之间存在互相影响、互相依存的关系。（科学思维）

（2）通过完成“光对鼠妇生活的影响”的探究实验，体验科学探究的一般过程，掌握对照实验中单一变量的设置方法，学会提出问题、设计和实施实验方案，并在团队合作中学会合作与交流。尝试自主设计并完成“植物对空气湿度的影响”探究实验，进一步发展科学探究

的能力。(科学探究)

（3）通过“拼图找伙伴”活动（活动说明：将海洋生态系统、森林生态系统、农田生态系统、城市生态系统 4 张图片各自切割成多张卡片分发给学生，让学生找到对应的生态系统），分析各种生态系统的组成部分，归纳总结得出生态系统是由生产者、消费者、分解者、非生物的物质与能量组成的统一整体。（生命观念、科学思维）

（4）分析某一生态系统中各种生物之间的关系，描述食物链与食物网的概念，能初步运用物质与能量的观念，描述生态系统中生产者和消费者形成的食物关系。(生命观念)

（5）通过资料分析和观看“生物圈Ⅱ号”失败的视频，理解生物圈是最大的生态系统。参与当地生态系统的调查并提出保护措施，完成调查生态系统报告。通过制作《我来保护生物圈》倡议书，主动向他人宣传：保护生物圈，从我做起，人人有责。形成热爱大自然、爱护生物的情感，能理解人与自然和谐发展的意义，提高环境保护意识。(生命观念、社会责任)

单元学习活动

学习本单元，学生已经具备一定的基础，但是在没有系统地学习之前，学科意识较为薄弱，不能准确地表达和理解生态系统、食物链、食物网等概念，所以本单元应设计相应的学习活动，帮助学生科学地认识生物与环境相互依赖、相互影响，掌握科学探究的基本方法。本单元需要 5 个课时完成，各个学习活动循序渐进，对学生的要求逐步提高。第 1 课时，学生在教师的引导下认识生物与环境相互依赖、相互影响的关系。第 2 课时，学生通过完成实验活动“光对鼠妇生活的影响”，掌握对照实验中单一变量的设置方法，初步学会运用实验的方法解决问题。第 3 课时，通过合作探究，分析和总结生态系统的组成部分与特点，进一步构建食物链与食物网的概念。第 4 课时，通过资料分析和观看“生物圈Ⅱ号”失败的视频，理解生物圈是最大的生态系统。第5课时，参与当地生态系统的调查并提出保护措施，通过制作《我来保护生物圈》倡议书，主动向他人宣传：保护生物圈，从我做起，人人有责。

根据以上分析，本单元学习主题每个课时的具体学习目标、学习内容、学习活动和学习资源的整体安排如下。

表4-6 本单元学习主题每个课时的整体安排

课时	学习目标	学习内容	学习活动	学习资源
1	通过分析多个生物与环境相关的生物学现象，分析影响生物的环境因素，认识生物与环境之间存在互相影响、互相依存的关系。	生物与环境之间相互影响、相互依存的关系。	分析反映生物与环境之间的关系（针叶林与阔叶林、沙漠中的绿洲、植物向光性生长实验、蚯蚓松土、三峡大坝的建造）的生物学现象。	相关的图片、视频、文献、科学论文
2	通过“光对鼠妇生活的影响”“植物对空气湿度的影响”等探究实验，体验科学探究的一般过程，掌握对照实验中单一变量的设置方法，学会提出问题、设计和实施实验方案，并在团队合作中学会合作与交流。	生物与环境之间相互影响、相互依存的关系；科学探究的主要环节。	完成“光对鼠妇生活的影响”的实验方案的设计与实施，进行实验结果分析、实验结论的交流和分享。 尝试设计“植物对空气湿度的影响”的实验方案。	鼠妇、湿土、纸盒、纸板、玻璃板、鼠妇生活习性的简介

续表

课时	学习目标	学习内容	学习活动	学习资源
3	分析各种生态系统的组成部分，归纳总结得出生态系统是由生产者、消费者、分解者、非生物的物质与能量组成的统一整体。 分析某一生态系统中各种生物之间的关系，构建食物链与食物网的概念，能初步运用物质与能量的观念，描述生态系统中生产者和消费者形成的食物关系。	同一地域内多种生物与环境组成多种多样的生态系统。	进行“拼图找伙伴”活动（活动说明：将海洋生态系统、森林生态系统、农田生态系统、城市生态系统4张图片各自切割成多张卡片分发给学生，让学生找到对应的生态系统），分析各种生态系统的组成部分，归纳总结生态系统是由各成分共同组成的一个统一整体。 分析某一生态系统中各种生物之间的关系，描述生态系统中生产者和消费者形成的食物关系。	海洋生态系统、森林生态系统、农田生态系统、城市生态系统4张图片剪成的拼图 生态系统的组成及其特点相关文本资料
4	通过资料分析和观看“生物圈Ⅱ号”失败的视频，理解生物圈是最大的生态系统。形成热爱大自然、爱护生物圈的情感，能理解人与自然和谐发展的意义，增强环境保护意识。	生物圈是最大的生态系统。	观看“生物圈Ⅱ号”失败的视频，分析生物圈是最大的生态系统。	思维导图的框架图、生物圈的相关文本资料

续表

课时	学习目标	学习内容	学习活动	学习资源
5	参与当地生态系统的调查并提出保护措施，通过制作《我来保护生物圈》倡议书，主动向他人宣传：保护生物圈，从我做起，人人有责。	保护生态圈，维护生态系统的稳定性，人人有责。	参与当地生态系统的调查并提出保护措施，通过制作《我来保护生物圈》倡议书，主动向他人宣传。	生态系统调查表

持续性评价

表 4–7　本单元学习主题的持续性评价方案

序号	评价目标	评价任务	评价标准	评价方式
1	认识生物与环境之间存在互相影响、互相依存的关系。	课前探查学生对生物与环境之间的关系是否有初步认识。 学生在本节课之后举例说明生物与环境的关系。	(1) 无法准确说出生物与环境之间的关系。 (2) 能举例说明环境影响生物或生物影响环境，但无法举例说明生物适应环境。 (3) 能举例说明生物适应环境。认识到生物与环境之间存在相互影响、相互制约的关系。	课前探查作业单、课堂观察、倾听、提问
2	在制定研究方案时，能设置单一变量的对照实验。	关注学生在探究活动中是否能够设置单一变量的对照实验。	(1) 实验方案与实验过程均未注意单一变量的设置，对实验目的不清楚。 (2) 实验方案与实验过程均体现出单一变量的设置，实验目标清晰，能较好地完成小组合作探究，完成实验。 (3) 能设置单一变量并较好地组织小组合作探究，实验操作准确规范，能分析实验现象，得出实验结论。	课堂观察、提问、学生的实验报告单

续表

序号	评价目标	评价任务	评价标准	评价方式
3	理解食物链、食物网的概念，初步认识生态系统中物质循环与能量流动的特点。	关注学生能否通过“拼图找伙伴”活动，从系统的角度分析各组成部分之间的关系，并理解食物链、食物网的概念以及生态系统中物质与能量变化的特点。	(1) 零散、无依据地说出生态系统的各种组成部分。 (2) 准确说出生态系统的各个组成部分，简单说出生态系统中物质与能量变化的特点，但不能阐述生态系统各种生物之间处于动态平衡。 (3) 从系统的角度分析生态系统中生产者、消费者、分解者、无机环境之间的关系，并进一步理解生态系统中物质与能量变化的特点，理解生态系统中各种生物之间处于动态平衡。	课堂观察、学生填写的“拼图找伙伴”活动的学案
4	从系统的角度理解生物圈是最大的生态系统。	关注学生能否结合生态系统的概念，从系统的角度分析生物圈是地球上最大的生态系统。	(1) 仅能简单列举生物圈中包含的具体生物和非生物环境，而不能认识到生物圈与生态系统之间的关系。 (2) 能总结出生物圈中包含生物和非生物环境，认为生物圈是地球最大的生态系统。 (3) 能从生态系统具体成分的角度分析生物圈的组成部分，并与其他生态系统比较，认识到生物圈是地球上最大的生态系统。	课堂观察
5	形成热爱大自然、爱护生物的情感，能理解人与自然和谐发展的意义，增强环境保护意识。	关注学生是否能结合本单元关于生态系统的知识，从可持续发展的角度设计和宣传《我来保护生物圈》倡议书。	(1) 仅从生物圈对人类生活很重要的角度笼统地说明保护生物圈的重要性。 (2) 能从生物圈中各种成分与人类关系的角度设计和宣传《我来保护生物圈》倡议书。 (3) 能结合本单元知识，从可持续发展的角度设计和宣传《我来保护生物圈》倡议书。	课堂观察、《我来保护生物圈》倡议书

重要的评价工具

表 4-8　实验“光对鼠妇生活的影响”过程评价表

项目	分值	评分标准	自评得分	小组评分	小组建议	教师评分	教师建议
科学态度与科学精神	20	（1）对实验表现出浓厚的兴趣。 （2）积极投入实验探究过程中。 （3）实事求是，尊重事实与客观规律。 （4）有团队合作精神。 （5）具备坚持探究求知的品质。					
实验设计与实施能力	40	（1）识别实验中的自变量和因变量。 （2）设计单一变量的对照实验。 （3）研究方案具有可行性。 （4）根据收集到的数据，得出合理的结论。					
实验操作能力	30	（1）实验操作准确规范。 （2）实验过程中科学严谨，认真记录实验数据。 （3）实验后做好实验台整理工作，台面整洁，工具齐全且物归原位。					
实验突发问题解决	10	面对突发实验状况，冷静应对，灵活处理，学会向老师寻求帮助，最后反思并总结经验。					
总分	100	/			/		/

教师反思

通过教学的实施，可以较好地完成既定的 5 个学习目标，但其中又有许多细节值得改进。具体如下。

第 1 课时的教学活动中，学生对资料的利用率不高，对小组讨论学习的学习方式还没有完全习惯，所以稍显迷惑，但随着教学环节的推进，学生的不适感逐渐消失，也可以很快参与到课堂中。

第 2 课时的实验课中，仍存在小部分学生不尊重实验事实，胡乱编造实验数据的现象，但大部分学生可以很好地完成实验以及实验报告。对于新的实验方案（“植物对空气湿度的影响”）的设计，学生的热情很高，同时也有学生想探究以下一些实验：水分对蚯蚓生活的影响、阳光对种子发芽的影响等。

第 3、4 课时的学习贴近生活，学生积极性高，课后在校园可以时常看到学生运用所学知识分析是生物适应/改变了环境，还是环境影响了生物的生活与分布。

第 5 课时的思维导图整体完成质量没有想象中的好，如果可以在课前进行培训，效果会好很多。学生对于制作《我来保护生物圈》倡议书热情很高，有用电脑制作的，也有用手绘的，整体来说制作质量很高，能结合所学知识与本地现有的生态问题，主题突出，宣传时也能用专业知识进行讲解。

图 4-8 是学生制作的一份倡议书，从中可以看出，在具体的保护生物圈措施方面，他们考虑到了生态系统中的多个因素，如动物、植物、环境等，认识到人类只是生物圈中的一个组成部分，并突出了人类在保护各个生态因素中的责任。但是在具体的思维深度方面，他们尚未从生物多样性与环境之间关系的角度，以及它们之间是一个有机整体的角度来思考问题，在今后的教学中，这方面还有待加强。

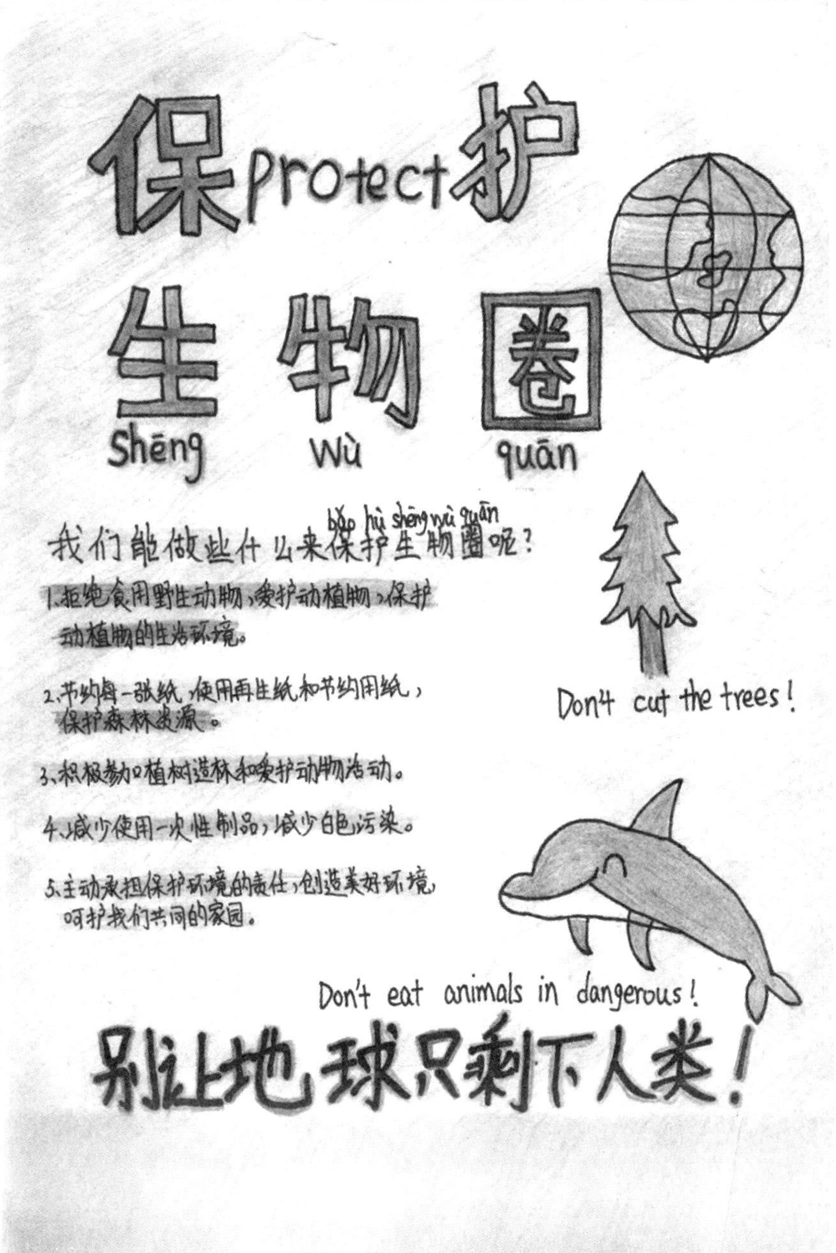

图 4-8　学生制作的倡议书

附件

第2课时教学流程

第2课时		
学习目标	1. 利用探究“光对鼠妇生活的影响”体验科学探究的一般过程，掌握对照实验中单一变量的设置方法。 2. 学会提出问题、设计实验、实施计划，在团队合作中做到创新，自主设计对照实验“植物对空气湿度的影响”的实验方案。	
教学环节	**学习活动**	**评价要点**
环节1：导入	**播放“鼠妇生活环境大揭秘”的视频，引发学生思考鼠妇生活环境中对它有影响的环境因素。** 问题1：鼠妇为什么喜欢待在砖块或花盆下阴暗潮湿的地方？ 学生：鼠妇怕光；鼠妇喜欢潮湿；鼠妇怕被打扰…… 教师：那我们要怎么来证明大家的猜测呢？	通过观察学生的回答，关注他们是否注意到鼠妇生活中的环境因素。
环节2：设计实验	**结合对照实验“光对鼠妇生活的影响”需要注意的要点，归纳总结出科学探究的相关知识。** 问题2：这个研究中涉及哪些变量？ 学生：光照、鼠妇的分布范围。 问题3：你做出什么样的假设？做出假设的依据是什么？ 学生：如果将鼠妇置于有光和无光两种环境中，鼠妇将更喜欢待在无光的环境中。主要是依据视频中鼠妇的分布环境，以及自己捕捉鼠妇时的经验。 问题4：假设需要实验进行检验。实验中还有哪些因素可能对鼠妇的分布产生影响？如何确保实验结果只是由探究的实验因素不同所引起的？	关注学生参与小组讨论、填写实验报告单的情况等，了解学生是否初步学会了识别变量和设计对照实验。

续表

教学环节	学习活动	评价要点
环节 2：设计实验	学生：温度、水分、外界振动等，需保证这些因素是适宜且不变的。 教师：这种实验操作叫作控制变量（单一变量），通过控制单一变量来实现问题的解决而进行的实验称为对照实验。 问题 5：做实验时为什么要用多只鼠妇而不是一只？ 学生：保证实验的准确性，减小偶然误差。	
环节 3：实施实验方案	**学生小组合作实施实验方案，通过实验体验科学探究的一般过程，根据研究结果得出结论。** 问题 6：为什么要统计全班各组的数据，取平均值？ 学生：为了实验数据更准确，科学严谨。 问题 7：实验完毕后，应该如何处理鼠妇？ 学生：把它们放回适合它们生活的环境中去。 问题 8：通过实验，你得到的结论是什么？ 学生：由于鼠妇在有光环境中的分布比例低于在无光环境中的分布比例，因此，光照会影响鼠妇的生活。	观察学生在实施实验方案过程中的表现，了解他们在实验过程中是否形成科学严谨和实事求是的态度，以及是否初步学会处理数据，并根据研究结果得出结论。
环节 4：课堂小结	**根据“光对鼠妇生活的影响”实验的思路，设计“湿度对鼠妇生活的影响”的研究方案。**	关注学生的研究方案，以了解他们是否初步学会了识别变量，并设计单一变量的对照实验。

板书设计

探究光对鼠妇生活的影响

提出问题：光对鼠妇的生活有影响吗？

做出假设：如果将鼠妇置于有光和无光两种环境中，鼠妇将更喜欢待在无光的环境中。

制订计划：自变量——光照，因变量——鼠妇的分布。

实施计划：多只鼠妇，多次观察记录，避免偶然因素。

得出结论：将多次观察结果取平均，由于鼠妇在有光环境中比无光环境中的分布比例低，因此，光照会影响鼠妇的生活。

表达与交流

作业设计

课时	作业内容
1	观察校园内的生物现象，找出生物适应环境的例子 3 个、生物改变环境的例子 2 个，并选择其中一个例子加以详细描述，以文本形式呈现。
2	完成“光对鼠妇生活的影响”实验报告单。 尝试自主设计对照实验，探究湿度等其他环境因素对鼠妇生活的影响，完成实验方案任务单。
4	查阅相关资料，写出各类生态系统中生产者、消费者、分解者的主要生物类群，完成学习任务单。 选取 2 个食物链，分析一旦环境改变，食物链各环节生物的数量变化，阐述生态系统具有一定的自我调节能力。
5	以小组合作的方式完成本单元的思维导图。 小组合作，设计《我来保护生物圈》倡议书并进行宣传。

附　录

附录一

主要术语或重要内容索引

附录二

检验深度学习教学设计的参考标准

1. 单元学习主题的检验标准

要素	内容
必要性	是课程标准中的核心内容。 具有该单元学习主题中核心内容的特定素养发展价值。 对学生的素养发展是必不可少的。
综合性	体现主题所涉及的核心内容的关联。 体现不同单元学习主题之间的关联。 体现生物学科多个不同核心素养维度的有机整合。
实践性	需要为学生的动手和动脑双重参与提供实践机会。
适切性	符合学生的认知发展特点。 能够激发学生的学习兴趣和认知参与。
发展性	需要在小学、初中和高中等不同学段的内容以及生物学科核心素养发展方面做好衔接。

2. 单元学习目标的检验标准

要素	内容
发展性	以学生的生物学科核心素养现有水平为起点。 描述学生在生物学科不同核心素养维度上的表现预期。
整合性	以主题内容和学习活动为载体，综合体现学生在生命观念、科学思维、科学探究和社会责任等生物学科核心素养的综合表现预期。
可测性	学习目标的描述能够指导教师在教学中对目标达成度进行测查。

3. 单元学习活动的检验标准

要素	内容
一致性	能够精准地匹配单元学习主题和学习目标。
多元性	学习活动的形式、结构具有多元性。
实践性	鼓励学生动手和动脑双重参与学习活动，为学生表达想法和思维过程外显化提供机会。
系统性	各项学习活动都要为学习目标的达成服务，同时学习活动之间的顺序符合知识构建、思维发展、问题解决等方面的规律和路径。

4. 持续性评价的检验标准

要素	内容
评价方式多元化	教师可以通过课堂回答问题、课堂讨论、小测验、课后作业、实作评价、访谈等多种评价方式，收集关于学生学习表现的资料。
评价主体多样化	根据需要，将教师、学生、家长等不同的群体作为评价主体，使其参与评价活动。
评价内容素养化	对学生在生物学科核心素养各个不同维度上的变化进行系统性评价。
评价过程持续化	从不同学习活动、不同学习主题、不同学习阶段对学生在生物学科核心素养不同维度上的发展进行持续的过程性评价。
评价结果客观化	客观记录学生在各个评价目标上的具体表现，以此作为证据，进行教学决策，改进教学设计、教学过程和学生的学习。

附录三

学习资源推荐

1. 著作类资源

[1] 刘恩山，曹保义．普通高中生物学课程标准（2017 年版）解读［M］．北京：高等教育出版社，2018.

[2] 刘月霞，郭华．深度学习：走向核心素养：理论普及读本［M］．北京：教育科学出版社，2018.

[3] 王健，等．基于学生核心素养的生物学科能力研究［M］．北京：北京师范大学出版社，2018.

2. 文章类资源

[1] 郭华．基于深度学习的教学改进．教育科学论坛［J］．2015（2）：13-23.

[2] 郭华．深度学习及其意义．课程·教材·教法［J］．2016，36（11）：25-32.

[3] 胡久华，罗滨，陈颖．指向“深度学习”的化学教学实践改进．课程·教材·教法［J］．2017，37（3）：90-96.

[4] 刘月霞．以深度学习释放课改“红利”．中国教育报［N］．2017-04-05（9）.

[5] 王健．把握学科思想，理解生命本质．中国教育报［N］．2017-11-29（9）.

[6] 王健．考查科学思维的理科考试命题策略探讨．中国考试［J］．2016（10）：44-50.

[7] 王健，王聪，刘志爽．生物学科能力及其表现研究．教育学报［J］．2016，12（4）：64-72.

[8] 张铁道，张晓．“深度学习”教学改进项目的研修实践．基础教育课程［J］．2017（11）：63-66，71.

附录四

常见问题释疑

（一）中学生物学科深度学习到底是谁的深度学习？

中学生物学科深度学习特征之一是学生主体性，目标指向是学生通过深度学习，其生物学科核心素养得到获得性的发展。从这一点上来看，深度学习应该是学生的深度学习，其主体是学生。但是要实现学生的深度学习，教师对深度学习的理解以及基于深度学习的教学设计则是达成这一目标的重要前提，因此，从这一层意义上来看，深度学习同时也是教师的深度学习，需要教师准确地把握深度学习的内涵和要素，能够从学生发展需求和中学生物学课程要求的角度综合考量，进行系统性的教学设计。所以说，中学生物学科深度学习首先是教师的深度学习，其最终目标是学生通过参与深度学习中的各项学习活动，学生的生物学科核心素养得到提升和发展。

（二）深度学习是否意味着让学生做大量实验？

实验是生物学科的一个重要组成部分，观察法和实验法是生物学研究的常用方法。在深度学习中，需要为学生创设条件，参与和体验相关的科学实践活动，学习和运用观察法和实验法获取生物学知识，以及应用这些知识尝试解决与生物学有关的问题。

在生物学科的深度学习中，观察和实验只是学生学习活动中的两种类型，教师还可以组织学生进行小组讨论、资料分析、角色扮演等多种类型的学习活动。具体选择哪种类型的学习活动，需要根据单元学习主题的具体内容以及单元学习目标来确定。因此，深度学习并不意味着让学生做大量实验。

（三）深度学习是否意味着对不同章节的内容进行重新整合？

深度学习是与表层学习相对的概念，注重知识之间的联系以及知识的应用，希望学生通过深度学习获得“有用的知识”。在具体的教学过程中，教师可以根据学生的实际情况以及自身的专业素养，确定具体选择哪些内容作为一个单元学习主题。如果学生学习能力较强、教师专业素养水平较高，可以根据实际需要，将跨章节的内容整合在一起作为一个单元学习主题。但是，如果学生学习能力相对较弱，或者教师专业素养水平有待加强，做好同一章内部知识之间的整合，按照深度学习的要求进行教学设计和实施，也是可以达到深度学习的效果的。

因此，同一个主题的深度学习，设计思路可以不同，对内容的整合程度也可以不同，并没有固定的要求。

（四）什么是生物学科核心素养？

生物学科核心素养是学生后天学习的成果，是公民基本素养的重要组成部分。它是指学生在接受生物学教育过程中逐步形成的适应个人终身发展和社会发展所需要的必备品格和关键能力，是学生通过学习生物学内化的带有生物学科特性的品质，是学生科学素养的关键成分。[①] 因此，生物学科核心素养是学生终身受益的学习成果。

生物学科核心素养由四个要素组成：生命观念、科学思维、科学探究、社会责任（如附图 1 所示）。生命观念是生物学科核心素养的基础和支柱；生命观念的形成过程中离不开科学思维和科学探究，科学思维和科学探究互为倚重，科学思维是科学探究的内在认知过程，科学探究则是科学思维的外在程序性表现。在形成生命观念、进行科学思维和科学探究的过程中，最终形成一定的社会责任意识，因此，这四个要素是一个统一的整体。

---

① 吴成军．基于生物学核心素养的高考命题研究［J］．中国考试，2016（10）：25-31.

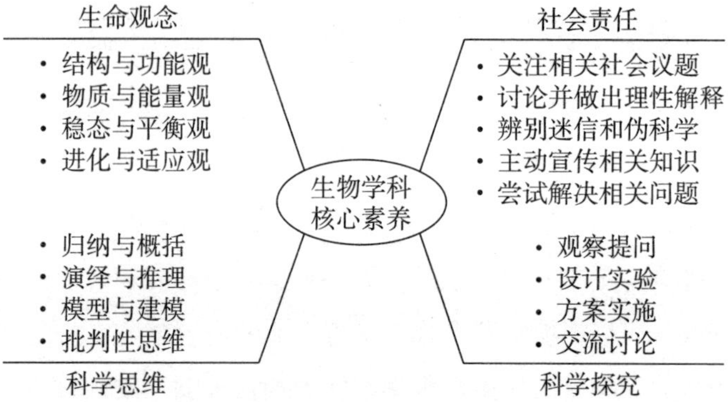

附图1　生物学科核心素养结构图

1. 生命观念

生命观念是认识生命现象的重要认知角度，它是学生在学习生物学概念性知识的基础上，不断积累、归纳概括和提炼而形成的，有助于学生从不同的侧面系统和完整地认识生命现象。生命观念主要包括结构与功能观、物质与能量观、稳态与平衡观、进化与适应观，这些生命观念的阐释及概念支撑如附表1所示。

附表1　生命观念的阐释及概念支撑①

生命观念	阐释	概念支撑例证
结构与功能观	生物体的结构与功能是相适应的，是生物长期进化所形成的，是生物适应环境的一种体现。	● 动物各个器官的结构与功能是统一的（个体水平）。 ● 植物六大器官的结构与功能是统一的（个体水平）。 ● 细胞及细胞器的结构与功能是统一的（细胞水平）。 ● 蛋白质和核酸的结构决定其功能（分子水平）。

① 吴成军. 基于生物学核心素养的高考命题研究［J］. 中国考试，2016（10）：25-31.

续表

生命观念	阐释	概念支撑例证
物质与能量观	物质的合成与分解总是伴随着能量的吸收与释放而进行的；生态系统中的物质的循环总是伴随着能量的流动而展开。	• 光合作用是将无机物合成有机物，将太阳能转变为化学能，并将化学能贮存在合成的有机物中的过程。 • 呼吸作用是细胞将有机物进行分解，同时释放能量的过程。 • 在生态系统中，物质的循环总是伴随着能量的流动而进行的。
稳态与平衡观	生命系统是一个稳态和平衡的系统，稳态和平衡是通过调节来实现的。	• 细胞生活在一个液体环境中，液体中各种物质的含量及理化因子是处于动态平衡之中的。 • 人体的稳态是通过神经—体液—免疫的调节来实现的。 • 植物体内各种激素的调节共同维持了植物的生长和发育。 • 生态系统的稳定性分为抵抗性稳定性和恢复力稳定性。
进化与适应观	适者生存，不适者被淘汰，生物是不断进化的，进化是生物适应环境的表现；生物适应环境的形式是多种多样的。	• 生物的进化顺序是：从水生到陆生，从简单到复杂，从低等到高等。 • 种内进化的本质是种群基因频率的定向改变。 • 种间生物可以进行协同进化。 • 生物与环境之间也是相互影响的。 • 进化的结果就是生物多样性的形成。

在深度学习过程中，学生在教师的引导下，基于生物学现象、事实，逐渐形成生物学概念，进而形成必要的生命观念，并能够运用生命观念认识生命世界，解释生命现象。因此，从教学的角度来看，仅仅向学生传授相关生物学事实和概念是无法帮助学生形成生命观念的，需要学生在体验和探究过程中，领会相关的知识产生过程，从而真正理解这些生物学概念，然后基于真实的情境对这些概念进行应用，最

终形成不同概念之间的联系，进而在教师的引导下归纳和概括，形成相应的生命观念。

2. 科学思维

科学思维是具有意识的人脑对自然界中事物（包括对象、过程、现象、事实等）的本质属性、内在规律及自然界中事物间的联系和相互关系的间接的、概括的和能动的反映。① 它是一套策略性和元策略性的认知活动过程，其目标最终指向新知识的获得。②

在已有研究中，通常将科学推理与科学思维二者等同起来。但从认知的角度来分析，二者有一定的区别。科学推理是一种特定类型的论证活动，并不是日常生活经验的组成部分。③ 具体来说，科学推理是协调理论或信念、假设和相应证据的过程。④ 其中，理论是指对特定情境的认知表征（cognitive representation）。如果信念经检核已经具备了正确的可能性，那么就会成为假设。证据是指通过对某一情境和系统的实证观察而收集到的信息。⑤ 一旦有了证据，就可以检验假设的真伪了。如果证据与个人头脑中的理论或信念相悖，那么科学思维和推理也就变得尤为重要。在科学推理过程中，涉及归纳、测量、实验、推断、预测、概括等能力。⑥ 正确的思维方式能够引导认知系统的改变和适应，进而使个体形成科学的理解，这正是科学思维和推理的重要结果

---

① 胡卫平，林崇德．青少年的科学思维能力研究［J］．教育研究，2003（12）：19-23.

② SODIAN B，BULLOCK M. Scientific reasoning-where are we now?［J］. Cognitive Development，2008（4）：431-434.

③ BULLOCK M，SODIAN B，KOERBER S. Doing experiments and understanding science. Development of scientific reasoning from childhood to adulthood［M］//SCHNEIDER W，BULLOCK M. Human development from early childhood to early adulthood：Findings from a 20 year longitudinal study. New York，NY：Psychology Press，2009：173-197.

④ SODIAN B，ZAITCHIK D，CAREY S. Young children's differentiation of hypothetical beliefs from evidence［J］. Child Development，1991（4）：753-766.

⑤ KUHN D，PEARSALL S. Developmental origins of scientific thinking［J］. Journal of Cognition & Development，2000（1）：113-129.

⑥ ZIMMERMAN C. The development of scientific thinking skills in elementary and middle school［J］. Developmental Review，2007（2）：172-223.

形式。[①] 由此可以看出，科学推理在科学思维中占据核心的地位。

在新知识的产生过程中，涉及假设空间和实验空间的双重搜索，以及对证据的评估，接受、拒绝或修正当前假设，从而产生新知识。这些环节并不是单向进行的，而是具有复杂性和循环性。[②]

基于以上分析，可以用附图 2 展示科学思维各要素之间的逻辑关系，其中科学推理部分的圆形图示表示复杂的循环往复过程。

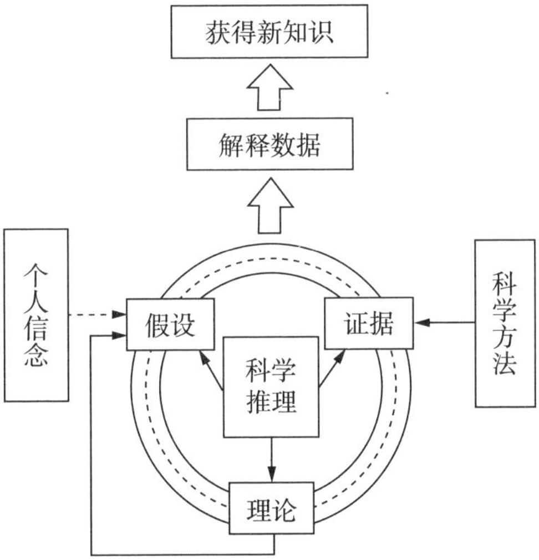

附图 2 指向获得新知识的科学思维要素结构示意图[③]

在深度学习中，教师应为学生提供多种机会参与相关的学习活动，发展其科学思维能力。学生在习得和构建生物学概念的同时，其科学思维能力得到发展和提升，并能够运用科学思维能力的要素探讨生命现象及规律，审视或论证生物学社会议题，这是深度学习的重要体现。

---

① KUHN D. "What is scientific thinking and how does it develop?" [M] //GOSWAMI U. The Wiley-Blackwell handbook of childhood cognitive development. Malden, MA: Wiley-Blackwell, 2011: 497-523.

② 袁薇薇，吴庆麟．科学思维的心理学探索 [J]．心理科学，2008，31 (4)：956-959.

③ 王健．考查科学思维的理科考试命题策略探讨 [J]．中国考试，2016 (10)：44-50.

3. 科学探究

科学探究是人类获取科学知识、领悟科学研究方法而进行的各种活动，其目标指向问题的解决和知识的获得。

学生参与探究性学习，可以促进其学习方式的改变，使其主动地获取生物科学知识，体验科学过程，形成一定的科学探究能力和科学态度与价值观，培养创新精神。因此，不同学段的生物学或科学课程标准都将“倡导探究性学习”作为重要的课程理念。

科学探究通常涉及观察并提出问题、制定并实施研究方案、针对得出的结论进行表达和交流等环节。（1）观察并提出问题，学生应从日常生活、生产实际或学习中尝试发现和提出与生物学相关的、有价值的和值得探究的科学问题，能够尝试通过书面或口头方式表述这些问题。（2）制定并实施研究方案：针对研究的问题，查阅资料，依据科学的思路设计研究方案，并通过方案的实施获取相关的证据。（3）针对得出的结论进行表达和交流：针对收集到的多种多样的证据，进行综合分析和判断，得出结论，回答研究问题，并能够与团队成员有效合作，通过口头、书面等不同的方式与他人进行分享和交流。

理解科学探究和科学探究能力的形成，需要学生亲历探究性学习的过程。在实际教学中，教师应积极提供机会让学生亲自尝试和实践，并将科学探究的具体内容尽可能渗透到各主题内容的教学活动中。

根据教师和学生在科学探究活动中的参与程度，可以将探究活动划分为4个不同的水平（如附表2所示）：验证性探究、结构化探究、引导性探究、开放式探究。

附表 2 探究活动的不同水平①

水平	活动类型	研究问题	研究方案	研究结果
0	验证性探究	教师	教师	教师
1	结构化探究	教师	教师	学生
2	引导性探究	教师	学生	学生
3	开放式探究	学生	学生	学生

从附表 2 可以看出，随着探究水平的提高，教师参与的环节越来越少，而学生独立完成的环节越来越多。在教学中，教师应根据整体的教学规划和需求，在引导学生参与科学探究活动时，不仅应让学生参加科学探究的某些方面的活动，也应该注意让学生有机会参与若干完整的探究活动，从而系统地培养学生的科学探究能力。

探究式课堂教学具有 5 个重要特征（如附表 3 所示）：学生能够提出具有研究价值的科学问题；学生在回答问题时优先考虑证据；学生根据证据形成解释；学生将形成的解释与科学知识之间建立关联；学生交流和审视所形成的解释。

附表 3 探究式课堂教学的特征解析②

特征	高 ---------- 学生自主性 ---------- 低 低 ---------- 教师主导性 ---------- 高			
学生能够提出具有研究价值的科学问题	学生提出研究问题	学生从给定的问题中选择恰当的研究问题，并提出新问题	学生讨论和澄清由教师或教材等提供的研究问题	教师、教材等提供研究问题

① HERRON M D. The nature of scientific enquiry [J]. School Review, 1971, 79 (2): 171-212.

② NATIONAL RESEARCH COUNCIL. Inquiry and the National Science Education Standards, A guide for teaching and learning [R]. Washington, DC: National Academy Press, 2000: 29.

续表

特征	高 ---------- 学生自主性 ---------- 低 低 ---------- 教师主导性 ---------- 高			
学生在回答问题时优先考虑证据	学生确定应收集哪些证据，并进行收集	学生在教师的引导下收集某些资料	学生在教师的要求下分析给定的数据	学生按照教师提供的方法分析给定的数据
学生根据证据形成解释	学生分析和总结收集到的证据，形成对问题的解释	学生在教师的引导下，利用证据形成解释	学生根据教师提供的方法分析证据，并形成解释	学生根据教师提供的方法，分析给定的证据，并形成解释
学生在形成的解释与科学知识之间建立关联	学生独立地分析其他的资源，并在其与所形成的解释之间建立关联	学生在教师的引导下分析与其他科学知识之间的关联	教师为学生提供可能的关联	
学生交流和审视所形成的解释	学生形成具有逻辑性的合理论点，用以交流所构建的解释	学生在教师的引导下进行交流	教师为学生提供大致的指导原则，用以交流和分享所构建的解释	学生根据给定的程序和步骤进行交流

在教学中，教师可以根据附表 3 中对这几个特征内涵的描述，初步判断教学活动和学生学习活动设计的针对性和有效性。

4. 社会责任

学生作为一名公民，在现实社会中，会面对各种复杂的情境和扑面而来的多种信息，他们要尽快地适应社会的发展变化。从社会学角度来说，学生作为社会中的一员，在各种与生物学相关的事务方面，需要进行合理和有效的社会和个人决策，这些方面都要求学生具有强烈的社会责任感。

生物学科的社会责任是指基于生物学的认识参与个人与社会事务的讨论，做出理性解释和判断，尝试解决生产生活中的生物学问题。

学生应能关注涉及生物学的社会议题，参与讨论并做出理性解释，辨别迷信和伪科学；主动向他人宣传健康生活、关爱生命、保护环境等相关知识；结合本地资源开展科学实践，尝试解决现实生活中与生物学相关的问题。

例如，在面对当前备受关注的转基因食品安全性这一社会性科学议题的讨论时，学生应该能够基于已学的知识进行合理的分析和判断，并与同学、家人或朋友分享个人的观点。一方面可以进一步完善自己对转基因食品安全性的认识和判断，另一方面还可以向相关人员普及有关生物遗传与变异、基因工程、转基因食品生产等相关的生物学知识。

又如，在学习“健康地生活”这一内容主题时，教师可以组织学生参与角色扮演活动，将“面对某位感染诺如病毒的同学我们该怎么办”设定为讨论的话题，让学生以小组为单位分别扮演家长、学校领导、同学、医生、新闻媒体、医学科研人员等不同的角色，从不同的立场提出相应的应对方案和措施，以避免传染病的扩散。通过这一活动，学生能够利用传染病及其预防的相关知识，做出相应社会角色的判断，并提出应对措施，通过相互讨论和分享，培养他们的社会责任感。

社会责任感是一名具有社会属性的公民应该具备的基本素养，这是他们更好地适应社会和参与各项社会活动的重要保障。在实际教学中，教师应设计多种形式的学习活动，使学生参与其中，不断增强其社会责任感。

培养学生的生物学科核心素养是深度学习的一个重要目标，各方面素养的形成不是一蹴而就的，需要以每节课的每一项学习活动作为载体，不断积累和提升。随着学生学科知识体系的不断完善，以及科学研究能力的不断提高，在后续的学习活动中，基于真实情境的问题解决和现象解释，在教师的引导下，其各方面的素养得到提升和发展。因此，深度学习的过程就是落实课程标准要求，不断培养和提升学生学科核心素养的过程，教师要重视每个教学活动的设计，保证同一课时的不同活动、不同课时的活动之间的逻辑性、整体性和系统性，为学生提供各种思维锻炼和动手参与的机会，将四项生物学科核心素养的培养有机地融入相应的学习活动中，从而有效地落实课程目标，促进学生有意义的学习，这是深度学习的重要表现。

（五）什么是生物学科能力？

学科能力是学科教育与学生智力发展的结晶，因学科不同而有所差异，但学科能力又不等同于学科知识，它是学习者在对学科知识进行加工的过程中所形成的稳定的心理特征。① 生物学科能力则是指学生在学习生物学课程的过程中所形成的稳定的心理特征，包括科学思维方式和解决生物学问题的基本能力，可以划分为三个水平，即学习理解、直接应用和迁移创新。生物学科能力体系可以用附图 3 所示的模型来表示。

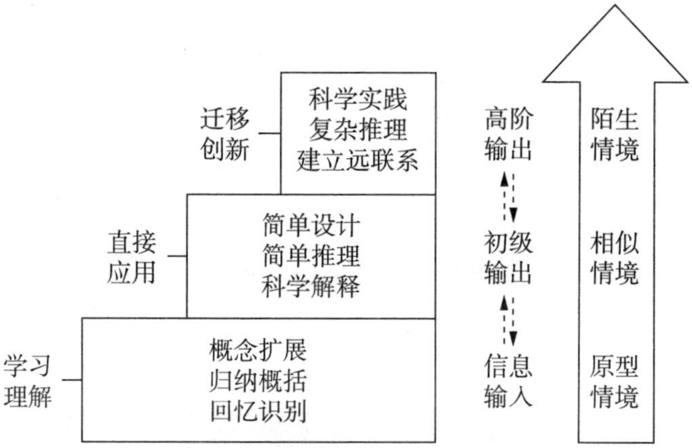

附图 3　中学生物学科能力体系结构模型②

① 胡卫平，罗来辉．论中学生科学思维能力的结构［J］．学科教育，2001（2）：27-31.

② 王健，王聪，刘志爽．生物学科能力及其表现研究［J］．教育学报，2016，12（4）：64-72.

学习理解能力是一项最基本的科学学科能力，能力水平最低，要求学生能够提取认知结构中短期或长期的记忆节点（生物学概念、原理或学说等），这是学习过程中信息输入后所引起的认知结构变化。学习理解能力通常涉及原型情境，例如学生在教科书中学习过的情境、课堂教学中学习或体验过的情境，或者其生活中接触过的情境等。

直接应用能力是指向信息初级输出的能力，比学习理解能力的认知要求高。要求学生能够在熟悉的科学情境中应用事实性知识、概念性知识和程序性知识，如生物学知识及其之间的相互关联、科学过程、科学概念和科学方法等。其主要特点是直接应用和情境的熟悉性。

迁移创新能力是生物学科能力中认知水平最高的能力，属于高阶信息输出范畴。与简单应用相比，迁移创新要求学习者能够灵活运用核心知识，通过系统性思维等高级思维方式，基于多个认识角度分析、预测陌生情境中的问题。其突出特点表现在问题情境是陌生和复杂的。

从信息的输入和输出角度来看，从学习理解到直接应用，再到迁移创新，能力水平依次升高，从基本的信息输入，再到信息的初级输出和高阶输出。信息的输入和输出过程并不是简单的线性关系，而是既有输入也有输出，在信息的输出过程中，通过反馈系统，又可以转化成信息输入，从而改变认知结构。因此，学科能力的表现过程是“输入—输出—反馈—输入……”的循环系统。

从情境角度来看，情境性学习（Situated Learning）理论指出知识容纳于情境之中，具有情境性；学习是参与的过程，知识应该是通过群体之间的合作与互动而获得。[①] 因此，学生的学科能力表现也应该与特定的学科相匹配，而且具有情境性。随着学科能力的不断提升，对应的情境也逐渐变得复杂，即从原型情境到相似的熟悉情境，再到陌生情境。情境因素既是学科能力水平的一种体现，也是学科能力表现

---

① 黄越岭，朱德全．复杂性与情境性的耦合：网络学习评价的新取向及其路径探求［J］．电化教育研究，2013（7）：47-52.

的重要影响因素。

在具体的教学实践过程中，中学生物学科能力体系既是教学活动和学习活动设计的主线，也是评价活动的设计主线，同时，它也是促进学生生物学科核心素养发展的重要支撑和有力保障。因此，这一能力体系不仅符合学生的认知发展规律，也符合国际上科学教育发展的趋势，为深度学习的教学设计和实践提供了重要的理论支持。

（六）什么是科学本质?

科学本质这一术语最早是由美国国家科学数学教师协会（Central Association of Science and Mathematics Teachers）于 1907 年提出的。随着科学事业及科学教育的不断发展，对科学本质研究的不断深入，在科学教育领域，大多数学者普遍认可建构主义的科学本质观。其中美国科学促进会（American Association for the Advancement of Science，AAAS）就是典型的代表，在其出版的一系列作品中都体现出建构主义的科学本质观及学术立场（如附表 4 所示）。

附表 4　建构主义的科学本质观

维度		建构主义的科学本质观
科学知识	确认	任何科学家发展出来的理论，必须得到科学群体的认同，以决定其价值。
	地位	科学知识具有暂时性。
	发展	虽然对自然界的描述和解释无法达到绝对真理，但是科学知识会越来越趋近于精确、真实。

续表

维度		建构主义的科学本质观
科学方法	观察活动	不同观察者会因已有知识、信念和理论的影响，使得观察结果不同，所以观察的结果是负载理论的。
	科学方法	科学研究领域广泛，且科学家的文化背景等各不相同，所以他们的研究方法也不尽相同。
科学事业	科学家的角色	科学家并非仅是遵循科学方法的技术人员，他们的工作是一种类似艺术的创作。
	科学社群的重要性	科学家是有意识的人，所以对研究结果会有不同的解释。

《美国国家科学教育标准》从三个方面阐述了科学的本质：（1）科学家通过观察、实验、理论模型来构建和检验对自然的解释；（2）在活跃的研究领域，由于缺乏理论导致不同的解释是正常现象；（3）评价科学实验、观察、理论模型和科学家的解释是科学探究的一部分。同时，该标准还从科学史的角度对科学本质做了进一步阐释：各种文化和社会都对科学知识做出了贡献；科学知识随时间推移而发生变化，并建立在已有知识之上。①

随着研究的不断深入，研究者开始从科学哲学的视角认识科学的本质，目前学界普遍认可的观点来自莱德曼（Norman G. Lederman），他认为科学本质是科学知识发展所固有的价值和假定，例如科学知识是基于实证得出的，具有暂定性，是人类创造力的成果，植根于特定的社会文化之中。②

---

① 国家研究理事会．美国国家科学教育标准［S］．戢守志，等，译．北京：科学技术文献出版社，1999：198.

② LEDERMAN N G，ZEIDLER D L．Science teachers' conceptions of the nature of science：do they really influence teaching behavior?［J］．Science Education，1987（5）：721-734.

后 记

自深度学习教学改进项目实施以来，初中生物学科组开展了大量的理论和实践研究，经过四年的探索，项目组撰写了《深度学习：走向核心素养（学科教学指南·初中生物）》（简称《指南》）。

在本书的任务分工方面，第一、二、三章由王健撰写。第四章案例一由北京市首都师范大学附属丽泽中学郭雅慧老师设计和实施，北京教育学院丰台分院的王新和田树青两位老师参与了教学设计方案的研讨和教学实施的指导；案例二由北京市海淀区教师进修学校附属实验学校胡彬、王海芳和张宇三位老师设计和实施，北京市海淀区教师进修学校的李丽娟老师参与了教学设计方案的研讨和教学实施的指导；案例三由广州市南沙区榄核中学黄毅森老师撰写，广州市南沙区教育发展中心关佩仪老师参与了教学设计方案的研讨和教学实施的指导。

在该书的撰写过程中，教育部基础教育课程教材发展中心的领导、深度学习教学改进项目综合组专家，以及一些课程与教学论专家、中学生物学教师等多方面人员都提出了宝贵的修改意见，使得书稿内容的质量得到保障，在此一并表示由衷感谢！

《指南》呈现了当前的阶段性研究成果，关于深度学习的理论与实践，还有许多问题有待开展深入的专题研究，希望有更多的教研团队参与到深度学习教学改进项目的研究过程中来，为《指南》的进一步完善贡献智慧。

由于时间和水平有限，书中不妥之处在所难免，甚至会有一些遗漏，恳请广大读者批评指正。

深度学习教学改进项目初中生物学科组

2019 年 1 月

出版人　李　东
策划编辑　刘　灿　池春燕
责任编辑　欧阳国焰
版式设计　孙欢欢
责任校对　马明辉
责任印制　叶小峰

图书在版编目（CIP）数据

深度学习：走向核心素养．学科教学指南．初中生物／王健主编；教育部基础教育课程教材发展中心，课程教材研究所组织编写．—北京：教育科学出版社，2019.7（2019.12 重印）
（深度学习教学改进丛书/田慧生主编）
ISBN 978-7-5191-1917-1

Ⅰ．①深…　Ⅱ．①王…　②教…　③课…　Ⅲ．①生物课—教学研究—初中　Ⅳ．①G633

中国版本图书馆 CIP 数据核字（2019）第 103644 号

深度学习教学改进丛书
深度学习：走向核心素养（学科教学指南·初中生物）
SHENDU XUEXI：ZOUXIANG HEXIN SUYANG（XUEKE JIAOXUE ZHINAN · CHUZHONG SHENGWU）

出版发行	教育科学出版社		
社　　址	北京·朝阳区安慧北里安园甲 9 号	**市场部电话**	010-64989009
邮　　编	100101	**编辑部电话**	010-64989527
传　　真	010-64891796	**网　　址**	http://www.esph.com.cn

经　　销	各地新华书店		
制　　作	北京金奥都图文制作中心		
印　　刷	保定市中画美凯印刷有限公司		
开　　本	720 毫米×1020 毫米　1/16	**版　　次**	2019 年 7 月第 1 版
印　　张	8.5	**印　　次**	2019 年 12 月第 2 次印刷
字　　数	94 千	**定　　价**	28.00 元